수학식당 3

김희남 글 | 김진화 그림

명왕성은 자유다

**당케와 봉쑤아
그리고 셰프 피와 봉팔
그들에게 일어난 일들**

셰프 피가 수학식당을 열었어.
"수학에 입맛을 잃은 사람 대환영!"

그의 곁엔 어리바리한 제자
당케가 있었으니……

수학식당은 그야말로 인기 폭발!
그게 다 '비수레' 덕분이야.
아주 오래된 비밀 수학 레시피.

셰프는 당케를 후계자로 콕~ 점찍었어.
당케에겐 뭔가 특별한 점이 있었거든.
"목덜미에 뭔가 있다, 있어!"

크크크, 과연 너희들
마음대로 될까?
나는 학수식당의 마스코트,
봉팔 셰프의 귀염둥이 봉쑤아.

"수학식당이 잘되는 꼴은 더 이상 못 보겠어."
학수식당에서는 음모를 꾸몄어.

"비수레는 내가 잠깐 실례!"

당케와 나는 라이벌.
개와 고양이는 천적! 이것도 운명!

어찌 된 거야? 비수레가 안 열려.
학수식당 봉팔 셰프는 잔뜩 약이 올랐어.

나는야 셰프들의 스승, 옥 셰프!
비수레는 아무나 가질 수 없다.
수학으로 세상을 행복하게 하라.

학수식당의 속임수로,
수학식당은 큰 혼란에 빠지게 되고…….

녀석에겐
뭔가 있어……

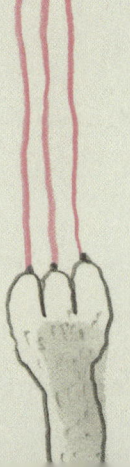

이제부터 시작이야.
3권에서는 변장의 여왕,
나 봉쑤아의 활약을 기대해 줘.
제발~~~

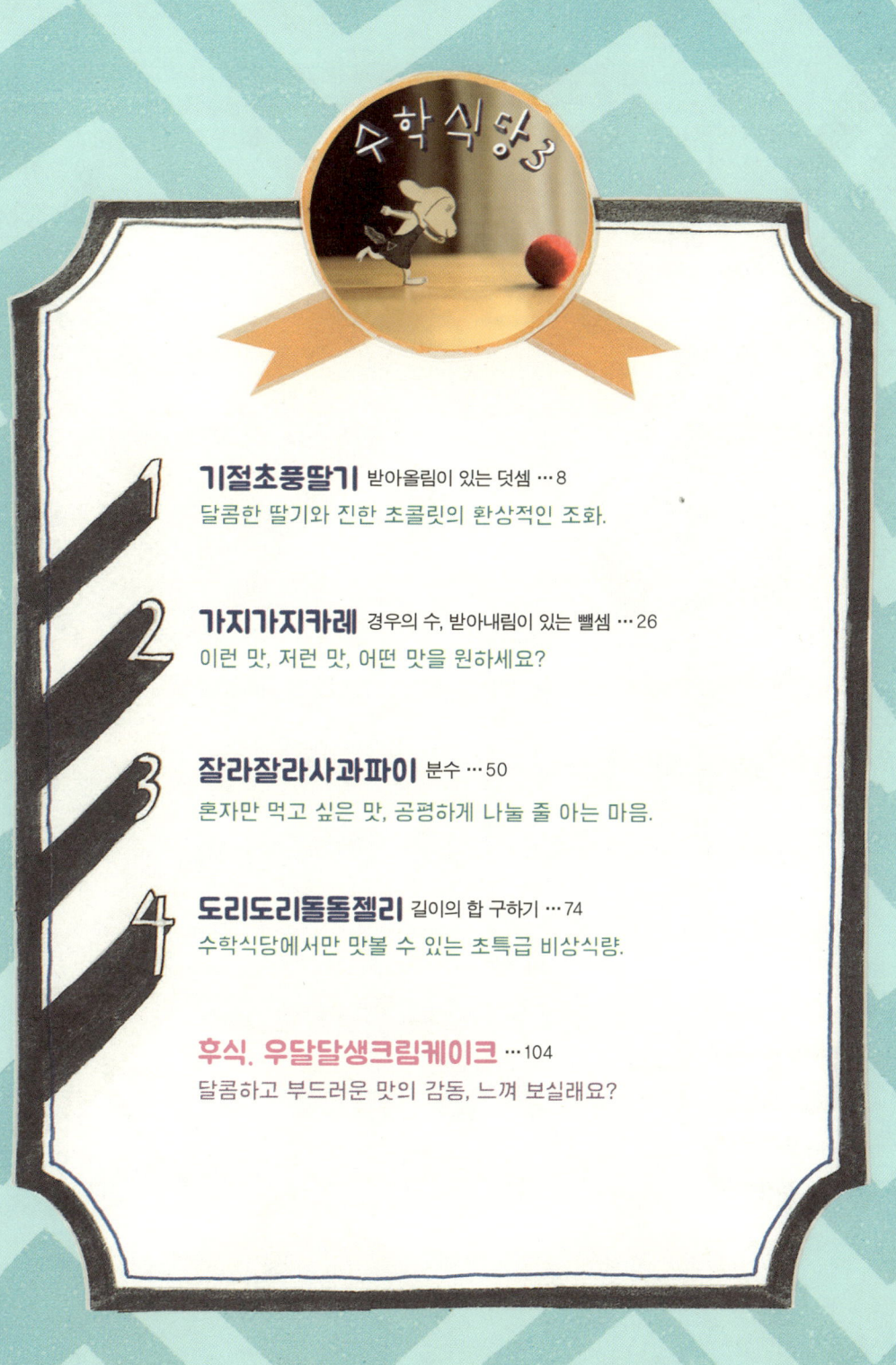

1. 기절초풍딸기 받아올림이 있는 덧셈 …8
달콤한 딸기와 진한 초콜릿의 환상적인 조화.

2. 가지가지카레 경우의 수, 받아내림이 있는 뺄셈 …26
이런 맛, 저런 맛, 어떤 맛을 원하세요?

3. 잘라잘라사과파이 분수 …50
혼자만 먹고 싶은 맛, 공평하게 나눌 줄 아는 마음.

4. 도리도리돌돌젤리 길이의 합 구하기 …74
수학식당에서만 맛볼 수 있는 초특급 비상식량.

후식. 우달달생크림케이크 …104
달콤하고 부드러운 맛의 감동, 느껴 보실래요?

"엉터리, 엉터리!"

"물어내, 물어내!"

수학식당 앞에 화가 난 손님들이 잔뜩 몰려와 있어요.

별루별루초콜릿 때문에 항의를 하러 온 거예요.

"아이코, 이걸 어쩌나?"

당케는 삐질삐질 진땀이 났어요.

"이건 저희 수학식당에서 만든 것이 아니랍니다."

"시치미 떼지 마세요. 여기 보세요. 수학식당표 맞잖아요."

손님들은 당케의 눈앞에 별루별루초콜릿 상자를 들이밀었어요.

"여기 이 얼굴, 바로 당신 아니에요?"

당케는 어처구니가 없어 말문이 막혀 버렸어요.

"아, 저, 그, 그게 아니라, 그건 학수식당표……."

"말도 안 되는 변명은 그만! 별루별루초콜릿 때문에 난리가 났는데, 모르는 척하실 거예요?"

"맞아요. 이거 먹고 나서 덧셈 감각이 완전히 마비됐어요. 저한테 한번 물어보세요, 1 더하기 1이 얼마인지."

"1 더하기 1이 얼마예요?"

"11."

"큰일 났군요."

당케는 한숨이 절로 나왔어요.

"덧셈 감각만 마비되면 다행이게요? 받아올림을 안 했다고 엄마한테 얼마나 혼이 났는지, 훌쩍훌쩍. 그 뒤론 웃음 감각도 다 잃어버렸다고요. 흑흑."

당케는 어리둥절한 표정으로 되물었어요.

"받아……. 뭐라고요? 방금 뭐라고 하셨던 것 같은데?"

"받아올림요. 왜요? 제가 뭐 못할 소리라도 했나요?"

"우히히, 받아올림이라고요? 받아쓰기는 들어 봤어도, 받아올림은 머리털 나고 처음 듣네요."

"어마, 수학식당 제자의 실력이 이 정도라니! 수준을 알 만하네요."

"그러게요. 받아올림도 모르고 순 엉터리군요."

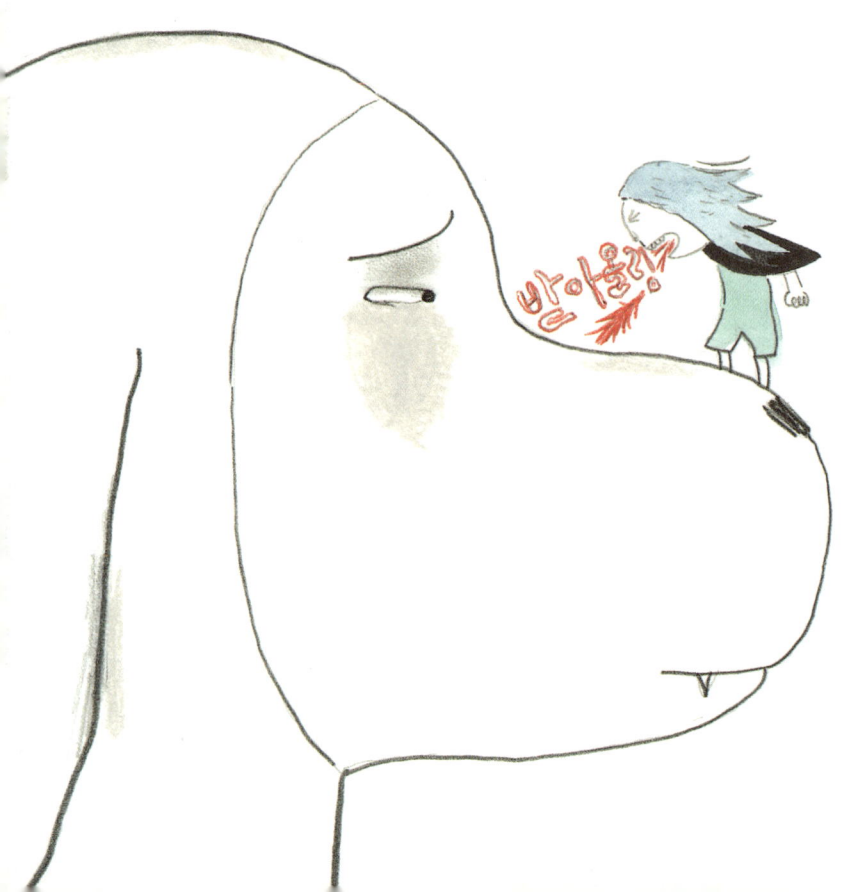

핀잔을 당한 당케는 얼굴이 빨개졌어요.

"모, 모, 모를 수도 있지, 뭘 그래요. 하, 하, 하."

어색한 웃음을 짓는 당케에게 손님들이 다그쳤어요.

"지금 웃음이 나와요? 초콜릿값이나 빨리 물어내요!"

"아이고, 저희가 만든 게 아니라니까 자꾸 그러시네. 저희 수학식당에서는 고품격 초콜릿 재료가 아니면 취급을 하지 않는단……."

하지만 화가 머리끝까지 난 손님들은 당케의 말을 들으려 하지 않았어요.

"고품격인지 뭔지 당신들이나 실컷 드세요, 흥!"

손님들은 당케에게 초콜릿 상자를 휙 던지고 가 버렸어요.

이런 어마어마한 사건이 벌어지고 있을 때 셰프는 뭘 하느라 코빼기도 안 비쳤냐고요? 다 그럴 만한 사정이 있었답니다. 바로 별루별루초콜릿의 해독제를 찾고 있었거든요.

"피타골 피타골 피타고라수~학!"

셰프는 벽장 속에 틀어박혀 연거푸 주문을 외우고 있어요. 하지만 아무리 해도 해독제 레시피가 떠오르지 않아요.

"별루별루초콜릿에는 강력한 독이 들어 있어. 먹은 지 5초도 안 되어 덧셈 감각을 마비시키고 말아. 빨리 해독제를 찾아내야 해."

셰프는 다시 마음을 차분히 가라앉히고 비수레 한 장 한 장을 머릿속으로 그려 보기로 했어요.

"치익치익김빠져찐빵? 아니야. 이건 허풍 떠는 사람들에게 특효인 뺄셈 레시피야. 화닥화닥화다닭? 이건 기분이 푹 가라앉은 사람을 방방 띄워 주는 곱셈 요리고. 그렇다면 퐁당퐁당치즈퐁뒤? 아니야, 아니야. 퐁당이 들어가는 것 같긴 한데, 퐁뒤는 아니야."

셰프는 머리가 지끈지끈 아파 왔어요.

"으아, 답답해. 뭔가가 떠오를 듯 말 듯, 떠오르지 않아. 비수레에 기절초풍할 만한 놀라운 레시피가 틀림없이 있었는데 말이야."

그때 반짝하고 셰프의 머릿속을 지나가는 것이 있었어요.

"기절초풍? 맞다, 초풍딸기! 바로 그거야."

셰프는 부지런히 뭔가 만들기 시작했어요.

잠시 뒤, 주방에서 달콤한 냄새가 솔솔 풍겼어요.

"음~, 이게 무슨 냄새지?"

당케는 상자에 맞아 툭 튀어나온 혹을 어루만지며 주방으로 들어갔어요.

"셰프, 설마 또 초콜릿은 아니겠죠?"

"기다려라."

"네? 뭘 기다려요? 손님요? 아유, 그만. 오늘은 푹 쉬고 싶네요."

"기절초풍할 만한 놀라운 해독 레시피를 알아냈다."

"기절초풍이라고요?"

"그렇다. 매우 간단해. 딸기를 퐁당 빠뜨리기만 하면 끝!"

셰프는 딸기를 초콜릿에 퐁당퐁당 빠뜨렸어요.

"자, 상상을 뛰어넘는 깜짝 놀랄 맛, 기대하시라. 이름하여 초풍딸기! 초콜릿에 풍덩 빠진 딸기의 줄임말이지. 맨 앞에 기절을 붙여, 기절초풍딸기라는 별명으로 불러도 좋아."

"이렇게 아기자기하게 생긴 딸기가 해독제라고요?"

"그렇다. 자연에서 얻은 싱싱한 딸기와 달콤하고 진한 수제 초콜릿의 환상적인 조화! 혼란에 빠진 손님들은 상큼한 맛에 깨어나고, 달콤한 맛에 위로를 받을 것이야. 우하하하!"

당케는 맛이 너무 궁금해 하나 먹어 보려고 손을 뻗쳤어요.

"떼! 아직은 안 돼! 손님들의 독을 풀어 주는 게 먼저야. 당케, 서두르자."

셰프와 당케는 퐁당 착, 퐁당 착, 부지런히 초풍딸기를 만들었어요.

"휴, 다 됐다. 딸기가 없어서 더 이상 못 만들겠구나. 어디 얼마나 만들었나 볼까?"

"우아! 많이 만드셨네요. 저는 14개밖에 못 만들었는데."

"너도 알고 있겠지만, 이 셰프가 손이 좀 빠르다. 그래서 한때 별명이 '보이지 않는 손'이었다고."

"오, 반가워요, 악수! 제 별명이 한때 '보이지 않는 발'이었는데."

셰프는 10개씩 2묶음과 낱개 7개를 만들었어요. 27개.

당케는 10개씩 1묶음과 낱개 4개를 만들었어요. 14개.

"후후, 그건 그렇고. 몇 명의 손님에게 나누어 줄 수 있는지 빨리 알아보자. 우리가 만든 초풍딸기를 모두 더하면 몇 개일까?"

"그야……, 맛있개?"

"이런, 엉뚱한 개! 다시 한 번, 모두 몇 개?"

"엄청……, 달개?"

"이런, 이런! 그동안 내가 방심했어. 당케, 정신 차렷!"

"알겠습니다, 셰프! 그러니까 27 더하기 14를 하라는 거죠? 요걸 어떻게 더하냐면, 에, 그러니까, 27하고 1을 더하고, 거기다 4를 더하는 게 아니고, 7하고 1을 더하고, 2하고 4를 더하면 안 되고······."

당케는 갑자기 배를 움켜쥐었어요.

"아이고, 셰프. 갑자기 배가······. 잠시 화장실 좀."

"어딜 가려고? 피하지 말고 부딪쳐라. 너는 이미 알고 있어. 덧셈의 원리는 하나거든. 묶음은 묶음끼리, 낱개는 낱개끼리."

"끼리끼리 더하라고요?"

"금방 알아차렸구나. 역시 당케야."

"그럼 먼저 낱개끼리 더해 보겠습니다. 7개에 4개를 더하면, 11개. 어? 10개씩 1묶음을 더 만들 수 있겠어요. 10개를 주머니에 담아, 휘딱 올려 버리면, 낱개 1개가 남아요."

"오, 당케. 받아올림의 원리를 스스로 알아내다니! 낱개끼리 더했을 때, 10이 넘으면 그렇게 10개씩 묶어서 올려 주면 되는 거야."

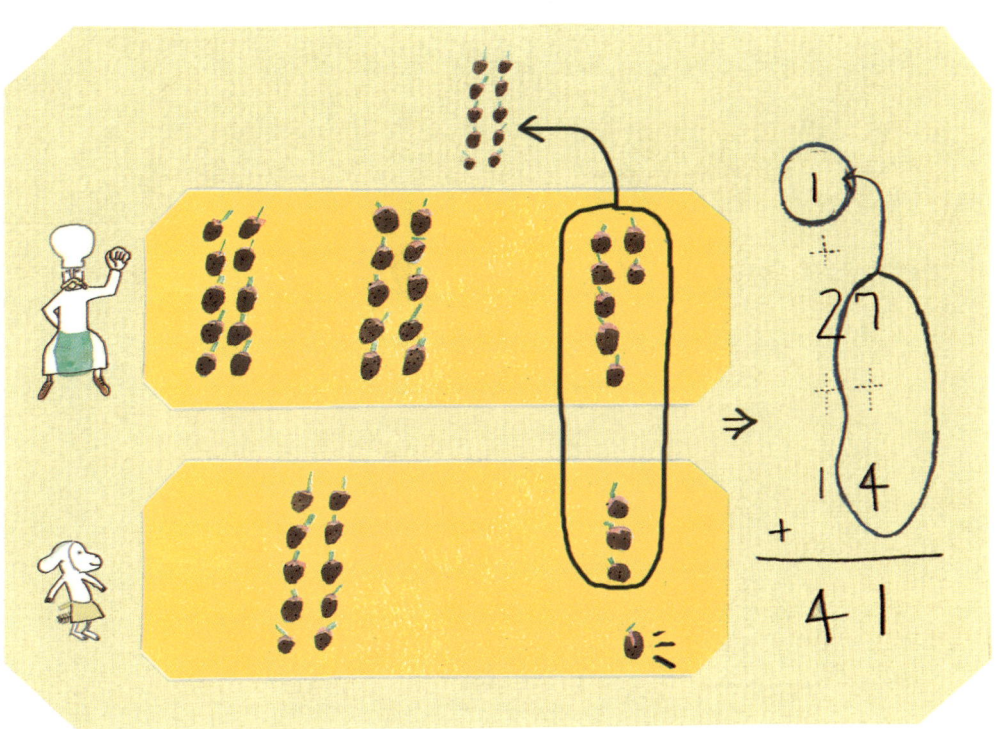

"헤헤. 이 정도는 기본이죠. 덧셈의 원리는 다 똑같은 거 아니에요?"

"그래그래. 일의 자리 수끼리 더해서 10이 되거나 10보다 클 때, 십의 자리로 10을 올려서 계산하는 걸 '받아올림'이라고 해."

"아하, 아까 손님이 말한 받아올림이 이거였어요? 뭘 받아 뭘 올리나 했더니, 일의 자리에서 묶음을 받아 십의 자리에 올리라는 뜻이군요."

"맞다. 이걸 세로셈으로 할 때 주의할 게 있어. 10묶음 1개를 십의 자리에 올려 줄 때는 올려 줬다는 표시를 꼭 하도록! 작은 숫자 1이 보이지? 나중에 잊어버리지 않게 써 놓는 거야. 그리고 10묶음끼리 즉, 십의 자리끼리 더할 때 같이 더해 주면 되지."

$$\begin{array}{r} 27 \\ +14 \\ \hline \end{array} \qquad \begin{array}{r} \overset{1}{2}7 \\ +14 \\ \hline 1 \end{array} \qquad \begin{array}{r} \overset{1}{2}7 \\ +14 \\ \hline 41 \end{array}$$

"받아올림, 별거 아니네요. 그나저나 셰프는 참 대단하세요. 비수레도 없는데, 어떻게 해독제를 알아내셨어요?"

"운이 좋았을 뿐이야. 비수레의 레시피를 다 기억할 수 있는 건 아니거든. 다만, 내 안에 답이 있다는 믿음을 끝까지 버리지 않았지."

당케는 기어코 해독제를 찾아낸 셰프가 존경스러웠어요.

"당케야, 너는 가서 손님들을 다시 모셔 오렴. 난 딸기를 좀 더 사 와야겠다. 손님들이 직접 초풍딸기를 만들면서 받아올림을 하다 보면, 마비되었던 덧셈 감각이 새록새록 되살아날 거야."

"네, 그리하겠습니다! 그런데요, 그 전에 궁금한 게 있어요. 초풍딸기는 과연 무슨 맛일까요?"

"한번 먹어 보겠느냐?"

"네! 그럼, 잠깐 실례를."

당케는 받아올림을 하고 남은 낱개 하나를 덥석 입에 넣었어요.

"꼴딱!"

당케가 기절초풍딸기를 통째로 삼켜 버렸어요.

"당케야, 너 벌써 삼킨 거냐?"

"와, 정말로 기절초풍할 맛이에요. 그런데 왜요?"

셰프는 너무 당황스러워서 말도 제대로 안 나왔어요.

"꼭지는 떼고 먹었어야지. 꼭지를 떼고 먹으면 해독제이지만, 꼭지를 같이 먹으면 오히려 독이 된다는……."

그 순간, 당케의 눈이 뱅글뱅글 돌기 시작했어요. 배 속이 배배 꼬이고 요동을 쳤어요.

"끌끌, 이렇게 경솔할 수가. 말릴 겨를도 없이 덥석 해치우다니. 당케야, 이게 무슨 꼴이냐."

그날 당케는 화장실 문턱이 닳도록 몇 번이나 들락날락했답니다.

"내 안을 찬찬히 들여다보세요.
이미 답이 들어 있을지도 모른답니다."

두 자리 수 덧셈의 여러 가지 방법

받아올림이 있는 두 자리의 수의 덧셈은 늘 일의 자리부터 계산해야 할까요? 아니, 아니에요. 사람마다 다 생각이 다르듯, 계산 방법도 여러 가지가 있답니다! 내 성격, 내 취향에 맞는 계산 방법은 뭘까요?

방법1

붕어빵 먹을 때 머리부터 먹는 사람? 14의 10부터 더하고, 4는 나중에 더하는 이 방법을 추천해요!

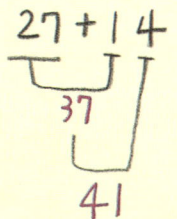

방법3

요랬다 저랬다 변신을 좋아하나요? 27을 30으로 변신시켰다가, 나중에 3을 빼는 방법이에요.

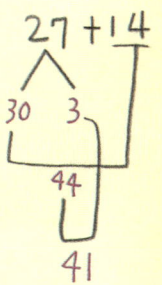

방법2

밥은 밥대로, 국은 국대로 먹는 사람? 십의 자리는 십의 자리대로, 일의 자리는 일의 자리대로 따로따로 더하는 이 방법 어때요?

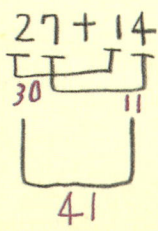

방법4

뭐든 잘게 쪼개 먹는 사람 있나요? 그런 사람에게 14를 쪼개어 3과 11로 나누어 더하는 이 방법을 추천해요. 27에게 3을 기꺼이 나눠 주는 당신은 양보쟁이!

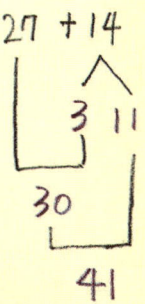

"으악! 미치겠다."

셰프가 가슴을 탕탕 치며 소리를 지르고 있어요. 점잖은 셰프에게 갑자기 무슨 일 있었냐고요? 아차차, 깜빡할 뻔했군요! 여기는 수학식당이 아니라, 학수식당이라는 걸 살짝 귀띔해야 했는데. 아무튼 이 소리는 학수식당의 셰프 봉팔이 지르는 소리랍니다.

봉팔은 지금 꼴이 말이 아니에요. 별별 방법을 다 써 보아도 비수레가 안 열리니, 그럴 수밖에요.

"비수레가 도대체 왜 안 열리는 거냐고, 왜?"

곁에서 지켜보던 봉쑤아가 검은 안경을 살짝 내리며 말을 했어요.

"수학식당이 망하는 건 시간문제입니다. 이까짓 퀴퀴한 책 따위는 열어서 어디에 쓰시려고……."

"모르는 소리! 수학식당이 망하는 걸로는 충분하지 않아. 난 수학의 모든 비밀을 알고 싶어. 하나도 빠짐없이 모조리! 그래야 세상을 내 맘대로 주무를 수 있다고."

봉쑤아는 갑자기 태도를 바꾸어 봉팔에게 알랑방귀를 뀌었어요.

"어머머, 대단하세요. 셰프는 역시 통이 크시다니까. 정말정말 존경합니다."

"비수레가 안 열리는 이유……, 이제 단 하나밖에 없어. 찢어진 뒷장에 그 비밀이 있는 게 틀림없어. 봉쑤아, 빨리 가서 비수레 뒷장을 찾아와!"

"제가요?"

"그럼 내가 가리? 왜 내가 가? 네 실수로 비수레가 찢어졌으니까, 네가 찾아와야지."

"좋은 작전이 떠오르면 그때 가도 늦지 않을 듯……."

"지금 당장 가지 못해? 지금 당장!"

봉쑤아는 학수식당에서 쫓겨나다시피 했어요. 바깥에는 찬바람이 쌩쌩 불고 있는데 말이죠.

"아유, 추워. 셰프 미워! 하필 오늘같이 추운 날 내보내는 건 뭐람. 무슨 좋은 수가 없나?"

봉쑤아는 길가의 쭈그러진 쓰레기통 위에 쪼그리고 앉았어요. 바람이 세차게 몰아쳤어요. 바람결에 지나가는 아저씨의 가발이 훌러덩 벗겨졌어요. 그 모습을 본 봉쑤아는 갑자기 눈을 뙤록뙤록 굴리며 미소를 지었어요.

"가발이라……. 옳지, 좋은 수가 있어! 호랑이를 잡으려면 호랑이 굴로 들어가야 한다지? 그렇다면, 지금 바로 작전 개시!"

한편, 수학식당 주방에서는 칼질 소리가 요란해요.

'탁탁탁탁, 탁탁탁탁.'

"더 빨리! 더 얇게!"

당케의 이마에 땀방울이 송송 맺혔어요. 도마 옆에는 동글동글 원 모양으로 얇게 썰어 놓은 무가 수북하게 쌓여 있었어요.

"셰프, 언제까지 썰어야 해요? 제 이마가 쉬고 싶다고 눈물을 흘리네요. 여기 땀 안 보이세요?"

"비수레를 잃어버렸다는 사실, 벌써 잊었느냐?"

당케는 '비수레' 소리에 정신이 번쩍 들었어요.

"네, 네, 해야죠. 할게요!"

"비수레를 찾으려면, 수학 실력을 쌓는 수밖에 없어."

당케는 또다시 칼을 집어 들며 이를 악물었답니다.

"그럼, 어디 한번 해 보자고요."

그때 드르륵 문이 열리는 소리가 들려왔어요.

"수학식당, 문 안 닫았네요?"

당케는 칼질을 멈추고 후다닥 뛰어나갔어요.

"아이고, 어서 오세요. 손님이 이렇게 반가울 수가."

"요즘 수학식당에 파리 날린다지요? 곧 망할 거라는 소문이 자자하던데."

"네? 망하다니요. 쉿! 누가 듣습니다."

당케는 곁눈질로 주방을 힐끔힐끔 보았어요.

"그럴 일 절대 없으니 안심하시고, 어서 들어오세요."

당케는 손님을 자리로 안내했어요. 그런데 이 손님, 어쩐지 낯이 익은 것 같아요.

'누구더라? 어디서 봤지? 특히, 저 검은 안경, 눈에 많이 익은걸.'

당케는 손님에게 물컵을 건네며 물어보았어요.

"어디서 많이 본 선글라스네요. 요즘 유행하는 안경인가 보죠?"

"케헥!"

손님은 깜짝 놀랐는지, 마시던 물이 목에 걸렸어요.

"어머머, 센스 있으시다. 요즘 가장 유행하는 아이템이죠. 이런 안경 하나쯤은 갖고 있어야 패션 감각이 있다는 소릴 듣는단 말이에요."

"아, 네."

당케는 떨떠름한 표정으로 고개를 끄덕했어요.

"그런데 그 마스크는 왜 쓰신 거예요? 그것도 패션 아이템?"

손님이 이번에는 헛기침을 하며 앓는 소리를 했어요.

"콜록콜록, 제가 감기 기운이 좀……. 엇! 가까이 오지 마세요. 독한 감기라 옮으면 큰일 난다고요."

당케는 손님의 차림새와 행동이 수상쩍었지만, 일단 의심은 접어 두기로 했답니다.

"아아, 내 정신 좀 봐. 주문 받아야지. 감기에 좋은 음식을 추천해 드릴까요?"

"감기도 감기지만, 요즘 통 소화가 안 돼요. 무조건 오래오래 끓이는 부드러운 음식으로 해 주세요."

"죽? 수프? 카레?"

"카레 좋네요. 카레로 해 주세요."

"알겠습니다. 감기엔 매콤한 카레가 딱이죠. 카레 하면 또 수학식당 카레 아니겠습니까? 오래오래 푹푹 끓인 부드러운 카레에 토핑이 또 얼마나 기가 막힌지!"

당케는 생각만 해도 침이 꼴깍 넘어갔어요.

"무슨 카레로 해 드릴까요?"

"카레면 카레지 무슨 카레가 또 있나요?"

"에이, 섭섭한 말씀. 저희 수학식당에서는 고객님의 입맛에 딱 맞춘 카레, 일명 가지가지카레를 선보이고 있습니다."

"가지가지카레라면, 가지를 몽땅 넣은 카레? 에잉, 난 가지 싫어하는데."

"그 가지가 아니고, 여러 가지 할 때 그 가지 말입니다. 자, 여기 메뉴판을 보여 드리죠. 입맛에 맞게 골라 주시면 되겠습니다."

그런데 메뉴판을 본 손님은 얼굴을 잔뜩 찡그러더니, 고개를 저었어요.

"아, 피곤해. 저는 못 고르겠어요."

"아니, 갑자기 왜 그러시는지?"

"가짓수가 너무 많잖아요. 이렇게 많은 것 중에서 하나를 어떻게 골라요?"

"가짓수가 많아서 못 고르시겠다고요? 그럼, 좋습니다. 여기서 잠깐, 퀴즈 하나를 내 드리죠. 맞히시면 카레가 공짜라는 거!"

"공짜?"

손님은 표정이 확 밝아졌어요.

"맞혀야죠. 공짜라는데. 어서 퀴즈를 내 봐요."

"수학식당 가지가지카레는 2가지 맛과 3가지 토핑에서 고를 수 있습니다. 그럼 가지가지카레는 모두 몇 가지일까요?"

"네?"

손님은 순간 멍한 표정을 짓더니 막 화를 내기 시작했어요.
"정말 무례하군요. 아픈 사람에게 이렇게 어려운 문제를 내도 되는 거예요? 정말 머리 아픈 식당이로군요."

"아이고, 죄송합니다. 불쾌하셨다면 사과드리겠습니다.

답은 아주아주 간단하답니다. 맛과 토핑을 하나씩 짝지어 줄로 이으면, 가지가지카레는 6가지입니다! 6가지 중에 하나 고르는 거라고 생각하면 무척 쉽죠? 고르는 거 너무 복잡하게 생각하지 마세요. 수학은 이렇게 간단한 거예요."

설명을 듣던 손님은 갑자기 인상을 찌푸렸어요.

"근데 어쩜 이렇게 내 마음에 드는 카레가 하나도 없어요?"

"혹시 토핑이 마음에 들지 않으시나요? 그럼 다른 것도 가능합니다. 특별히 원하시는 토핑이 있으세요?"

"됐어요. 카레 안 먹을래요. 생선 토핑이면 또 몰라도."

"아하, 생선을 좋아하시는군요. 생선 토핑은 준비된 재료가 없는데……. 아, 그럼 나가서 장을 좀 봐 오도록 하겠습니다. 시간이 좀 걸리더라도 괜찮으신지요?"

"그럼요, 그럼요. 오래오래 걸릴수록 좋다니까요."

당케는 장바구니를 들고 밖으로 나갔어요.

당케가 나간 뒤, 손님은 머리에 쓴 가발을 벗었어요.

"아휴, 더워. 머리에 땀나서 혼났네."

놀라지 마세요. 가발을 벗은 손님은 다름 아닌 봉쑤아였지 뭐예요!

"우히히히, 당케 녀석, 깜빡 속아 넘어가다니. 내가 봉쑤아인 줄 몰랐지롱? 메롱메롱."

봉쑤아는 벽에 걸린 거울을 들여다보며 예쁜 척을 했어요.

"아까 변장 가게에서 부랴부랴 나온 게 영 아쉽단 말이야. 마음에 드는 가발이 2개, 마스크가 3개나 있었는데. 가게 주인이 어찌나 빨리 고르라고 재촉을 해 대던지, 아무거나 대충 샀지 뭐야. 가만, 이건 당케가 설명한 카레의 가짓수랑 똑같은 상황이잖아. 가발이 2개, 마스크가 3개인데 하나씩 맞춰서 다 해 본다면……. 에계, 겨우 6가지밖에 안 되네. 이런 줄 알았으면, 다 해 볼걸."

봉쑤아는 거울을 보며 다시 가발을 썼어요.

"내가 지금 패션에 신경 쓸 때가 아니지. 빨리 비수레 뒷장을 찾아야 해. 어디에 있을까?"

봉쑤아는 식당 구석구석을 샅샅이 뒤졌어요.

"오호, 저기에 있겠군."

봉쑤아는 벽장 앞에 섰어요. 그리고 주문을 외웠어요.

"피타골 피타골 피타고라수~학!"

주문을 마치자마자 벽장이 스르르 열렸어요.

"난 역시 천재야. 아직도 주문을 기억하고 있다니. 히히."

봉쑤아는 두리번거리며 금고를 찾았어요.

"음, 금고가 얌전히 모셔져 있군. 비밀번호를 눌러야 열리겠지?"

봉쑤아는 비밀번호를 누르려고 손가락을 댔어요. 그랬더니 금고에서 '띠링' 하는 소리와 함께 화면이 나타났어요.

"어서 오십시오. 이렇게 생긴 분이 오셨군요."

금고에 고양이 그림이 나타났어요. 봉쑤아는 화들짝 놀랐어요.

"어머나, 내가 올 줄 어떻게 알았지?"

"비밀번호 여섯 자리를 눌러 주세요."

봉쑤아는 비밀번호의 힌트를 읽어 보았어요.

"이런 것쯤이야, 누워서 떡 먹기지. 얼굴에는 ◆이 들어가고, 꼬리엔 ◣이 들어가면 되겠네. 비밀번호는 36하고 18. 에헤라, 쉬워라. 나머지 두 칸에 차만 넣으면 되는군."

그런데 아무리 머리를 굴려도 차가 뭔지 모르겠어요.

"아이고, 억울해. 다 된 밥에 재가 떨어졌지 뭐야. 진작 공부 좀 해 둘걸. 뻥 차는 건 알아도, 두 수의 차는 모르겠네."

봉쑤아는 애꿎은 금고만 뻥뻥 찼어요.

그때 밖에서 낯익은 목소리가 들렸어요.

"다녀왔습니다!"

"아니, 이건 반갑지 않은 목소리?"

놀란 봉쑤아는 벽장에서 재빨리 빠져나갔어요.

허겁지겁 테이블에 앉은 봉쑤아에게 당케가 다가왔어요.

"손님! 밖에 나갔다 온 건 전데, 왜 손님이 그렇게 숨을 헐떡거리세요?"

"아, 아니에요. 카레가 아주, 엄청 먹고 싶어서 숨을 못 쉬겠어요. 빨리 카레를 해 주세요."

봉쑤아는 그럴싸한 말로 둘러댔어요.

"이렇게 손님을 오래 기다리게 하다니 죄송해서 몸 둘 바를 모르겠습니다. 카레를 금방 대령해 올리지요. 아참, 손님! 매운맛, 순한 맛 중에 무슨 맛을 원하셨더라?"

"매운맛이오. 스트레스 받을 땐 매운 게 확 당겨요."

잠시 뒤, 수학식당 안에는 달콤하고도 매콤한 카레 냄새가 진동을 했어요.

"자, 카레 나왔습니다. 오래 기다리셨죠?"

그런데 손님이 있던 자리가 텅 비어 있었어요.

"카레가 먹고 싶어서 숨을 못 쉬겠다더니. 어디로 가셨나?"

당케는 요리조리 두리번거리며 손님을 찾았지만, 손님은 이미 사라지고 없었어요.

"별 이상한 손님 다 보겠군."

당케는 카레 접시를 들고 다시 주방으로 향했어요.

"아오, 갑자기 매운 게 당기네. 셰프, 카레 같이 먹어요!"

"수학 때문에 머리가 지끈지끈할 땐
매콤한 카레가 딱입니다."

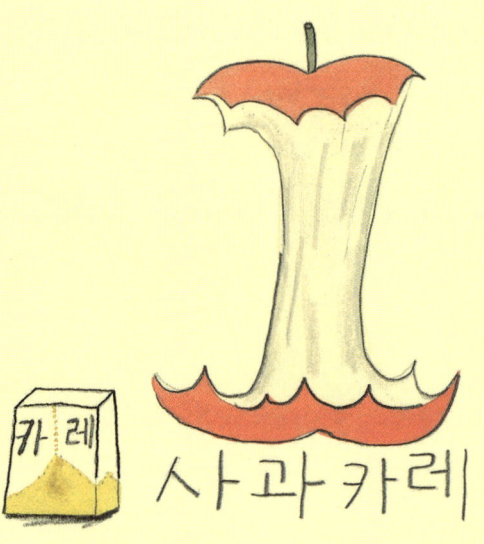

사과카레

<재료>
다시마
당근, 양파
감자, 닭고기
소금, 후추
카레 가루
사과

1. 물에 다시마를 넣고 끓여 육수를 만든다.

2. 당근, 양파, 감자, 닭고기를 송송 썰어 볶는다.

3. 볶은 재료에 육수와 카레 가루를 넣고 저어서 끓인다. 불은 약하게.

4. 사과를 썰어 넣고 한 번 더 끓인다.

5. 사과카레를 밥 위에 부어 먹는다.

받아내림이 있는 뺄셈의 세로셈

봉쑤아는 '차'가 무슨 말인지 몰라 골탕을 먹었어요. '차'는 어떤 수와 어떤 수를 빼서 나온 값을 말해요. 즉, 뺄셈을 하라는 뜻이지요.

차는 '차이'라는 말을 떠올리면 금방 이해할 수 있어요. 나이 차이, 키 차이, 몸무게 차이 등 우리가 자주 쓰는 차이라는 말은 수학에서 '차'라는 말로 통해요. 수학식당 등장인물들을 비교하여 차를 구해 볼까요?

1) 셰프와 당케의 키 차   170 − 50 = ☐

2) 봉쑤아와 당케의 몸무게 차   7 − 5 = ☐

3) 봉쑤아와 당케의 나이 차   6 − 3 = ☐

4) 셰프와 당케의 허리둘레 차   36 − 18 = ☐

5) 셰프와 봉팔의 성격 차

아참, 성격 차는 구할 수가 없겠네요. 5)번은 취소!
그리고 받아내림이 필요한 계산이 있군요.
4)번의 36−18. 그런데 이건 아까 비밀번호의 마지막 힌트인 두 수의 차 구하기와 수가 같네요. 자, 그럼 보충 설명 들어갑니다!

먼저 일의 자리끼리 빼 볼까요?
그런데 6에서 8을 뺄 수 없어요.
이럴 땐 십의 자리에서 10묶음 하나를
데리고 오세요.
이런 게 받아내림이에요.

$$\begin{array}{r} 36 \\ -18 \\ \hline \end{array}$$

십의 자리의 3은 2로 바꿔 써 주세요.
1묶음을 일의 자리로 보냈으니 당연히
그래야죠. 일의 자리 위에는 10이
왔음을 알려 주시고요.

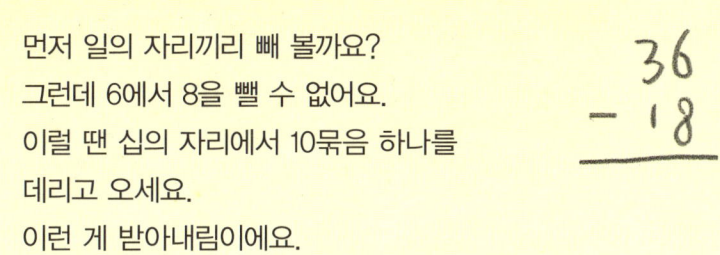

일의 자리에 16이 모였네요.
자, 이제 16에서 8을 빼 주세요.
십의 자리 계산은 2에서 1을 빼면 끝!

비밀번호가 먼지 알았지요?
비밀번호는 바로 '361818'이에요.

"천백구십칠, 천백구십팔, 천백구십구, 그다음은 뭐더라? 이천?"

당케는 감자를 세다 말고, 한숨을 푹 내쉬었어요.

"웬 한숨이냐?"

"셰프, 저는 안 되겠어요. 천백구십구 다음에 뭔지도 헷갈리는데, 이래 가지고 비수레를 찾을 수 있겠어요?"

"당케답지 않군!"

당케는 어쩐지 주눅이 들었어요. 얼마 전에는 봉쑤아인 줄도 모르고 수학식당에 들렀다가 하마터면 비수레 뒷장까지 빼앗길 뻔했지 뭐예요?

"셰프, 죄송해요. 실수만 해서."

"괜찮다. 넌 실수가 매력이야. 봉쑤아 일은 잊어라. 봉쑤아가 절대로 모르는 곳에 꽁꽁 잘 숨겨 놓았으니, 크하하."

셰프는 일부러 크게 웃었어요. 하지만 당케의 기분은 조금도 나아지지 않았답니다.

"아무리 해도 안 되겠어요. 저는 수학을 너무 몰라요."

"조금만 더 노력하면 돼. 곧 때가 온다."

"정말 그럴까요? 바람 좀 쐬고 올게요."

당케가 나가고 없는 사이, 셰프 혼자 쓸쓸히 식당을 지키고 있었어요.

"똑똑!"

누군가 수학식당을 찾아왔어요.

"여기가 수학식당인가요?"

"맞습니다만……."

손님의 얼굴을 보고 셰프는 눈이 휘둥그레졌어요.

'세상에! 닮아도 너무 닮았어.'

손님은 조심스레 말을 꺼냈어요.

"제 아이가 여기에 있다는 소문을 듣고 찾아왔습니다."

"일단 자리에 앉으시지요."

의자에 앉은 손님이 갑자기 눈물을 보였어요.

"흑흑……. 3년 전에 아이를 잃어버렸어요."

"아이 이름이……, 혹시 당케인가요?"

셰프의 말이 끝나기도 전에 손님의 얼굴색이 하얗게 변했어요.

"우리 당케가 정말 여기에 있나요?"

손님은 와락 울음을 터뜨렸어요.

"자자, 진정하십시오. 일단 손님이 그 아이의 엄마라는 증거를 보여 주시겠습니까? 신체의 비밀을 알고 있다거나 엄마만 알 수 있는 그 무언가를 말씀해 주셔야……."

"있고말고요. 제 아들 당케의 몸에는 특별한 점이 있어요. 태어날 때부터 목덜미에 다섯 개의 점이 있었답니다. 그 점이 어찌나 신기하던지 '점'을 넣어서 아기 이름을 지으려고 했어요."

손님은 흥분한 표정으로 말을 이었어요.

"그런데 어느 날 범상치 않은 노인 한 분이 찾아왔어요. 노인은 저희 집에서 하룻밤 묵었는데, 아기의 목덜미에 난 점을 보더니, 앞으로 수학 요리계의 큰 인물이 될 거라고 하셨어요. 그러고는 이름을 '당케'라고 지어 주셨답니다. '식당케'요."

"그렇군요. 다섯 개의 점이 어떻게 나 있습니까?"

"그냥 난 게 아니에요. 얼마나 아름답게 나 있는지, 점을 옆으로 죽 이으면 오각형이 되고, 점 사이사이로 이으면 별이 된답니다. 물론 목덜미에 있어서 다른 사람들 눈에는 잘 안 띄어요. 저만 알고 있지요. 당케 자신도 모르고 있을걸요."

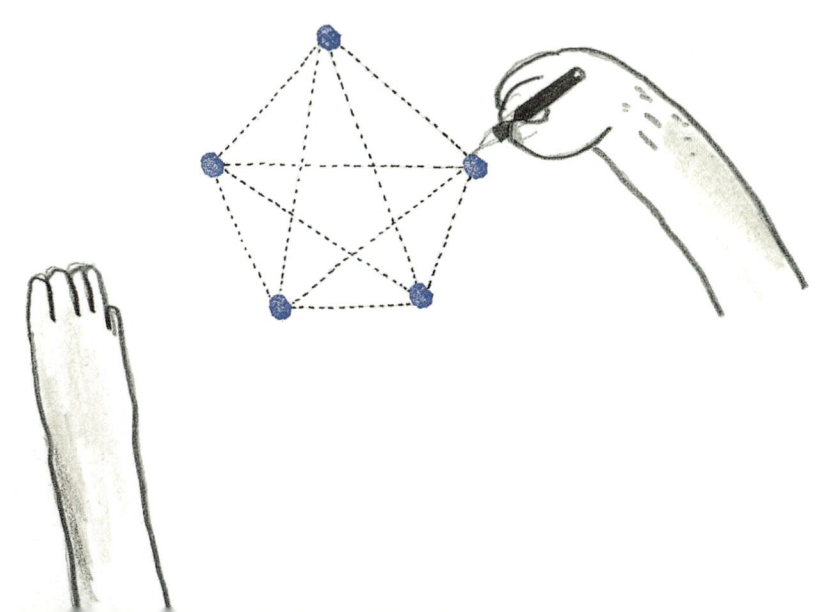

그 순간 셰프는 손님의 두 손을 덥석 잡았어요.

"당케 어머니! 잘 오셨습니다."

"정말인가요? 정말 여기에 우리 아들 당케가 있다고요? 당케야, 당케야."

셰프는 당케가 수학식당에 오게 된 사연부터 지금까지의 일을 죽 설명했어요.

"여차여차해서 이러저러했습니다. 당케의 몸에 있는 점은 무한한 별입니다. 가능성 또한 무한한 아이이죠."

이야기를 듣는 사이, 엄마는 눈시울이 붉어졌어요.

"그 귀중한 비수레를 잃어버리고, 어린 게 얼마나 마음고생이 심했을까?"

"어머니, 당케는 강한 아이입니다. 반드시 스스로의 힘으로 비수레를 찾아올 것입니다. 그때까지 조금만 더 참고 지켜봐 주십시오."

"아들을 위해서라면 무얼 못하겠어요. 늘 지켜보며, 응원할 거예요."

엄마가 떠나고 조금 뒤, 당케가 돌아왔어요.

"얍! 얍! 얍!"

셰프는 아무 일도 없었다는 듯, 공중에 던진 채소를 반으로 자르고 있어요.

"셰프, 뭘 하시는 거예요?"

"똑같이 나누기 수련 중이다. 할 수 있겠느냐?"

당케는 공중에 채소들을 던져 반으로 척척 잘랐어요.

"쉽네요. 기분도 한결 좋아졌어요."

"그럼, 다음 단계로 가 보겠다. 이걸 수로 나타내면 얼마일까?"

셰프가 양파 한 개를 들고 물었어요.

"그야 1이죠."

"좋다. 그럼, 이걸 수로 나타내면 얼마냐?

이번에는 양파 반쪽을 들고 물었어요.

"그건……."

한참을 생각하던 당케가 드디어 답을 했어요.

"1을 반으로 자른 거니까, ┼?"

"엥? 그런 수가 세상에 어디 있느냐?"

"덧셈 할 때 많이 봤는데. 수 아니었나요?"

"에구, 그건 덧셈 기호잖니. 정답을 알려 주겠다. 양파 반쪽을 수로 나타내면 '이분의 일'이다."

"네? '이분의 일'이라고요? 셰프도 참 엉뚱하셔. 그냥 콕 찍어 양파 자르는 일은 '너의 일'이라고 하세요."

당케가 자신을 가리키며 말했어요. 셰프는 한숨을 폭 내쉬었어요.

"그게 아니고, $\frac{1}{2}$(2분의 1). 전체를 둘로 나눈 것 중에 하나라는 뜻이야. 이런 걸 바로 분수라고 하지. 1보다 작은 수를 나타내기 위해 만들어진 수야."

"분수라고요? 세상에 그런 수가!"

"분수 정도는 알아 둬야지. 여태 분수도 모르고 살아왔니?"

"흑흑. 그래요. 전 아는 게 없어요. 분수도 모르고 체면도 몰라요. 저는 셰프 발가락에 낀 때의 십분의 일만큼도 모른다니까요."

"뭐라고 했어, 지금? 바로 그거야, 십분의 일, 그런 게 분수야."

"네?"

"십분의 일이란, 전체를 10으로 쪼갠 것 중에 하나라는 뜻이지. 내 발가락에 낀 때가 전체라고 하면, 그때의 십분의 일은 때를 10으로 나눈 것 중의 하나야. 이때 10을 분모, 1을 분자라고 하지."

"분모, 분자? 모, 자? 혹시 모자 관계? 엄마와 아들 말이에요."

"맞아. 당케야, 하나를 알려 주니 열을 아는구나. 아래에 있는 10처럼 분모는 분수에서 꼭 필요한 거야. 엄마처럼. 분수에서는 전체를 몇으로 쪼갰는지가 가장 중요하거든. 그다음에 분자라는 아들이 있는 거지. 분수는 분모가 분자를 업어 주고 있는 모습과 비슷해."

당케는 갑자기 엄마 생각이 났어요.

'어릴 적에 엄마가 많이 업어 주었는데. 엄마 냄새, 그립다.'

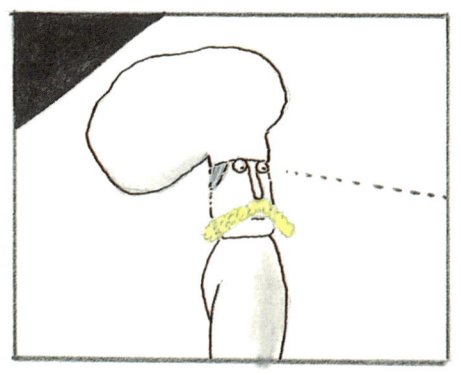
"자, 그럼 네모난 식빵을 $\frac{1}{2}$로 나누어 보아라"

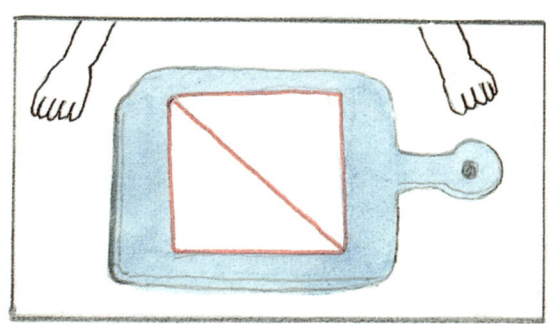
"그 정도는 거뜬하죠. 자 갑니다. 얍!"

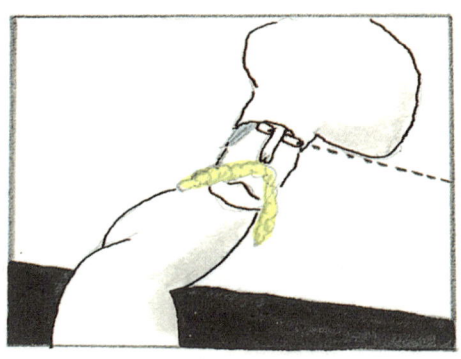
"호오, 꽤나 창의적인걸. 이번엔 $\frac{1}{4}$로 만들어 보아라."

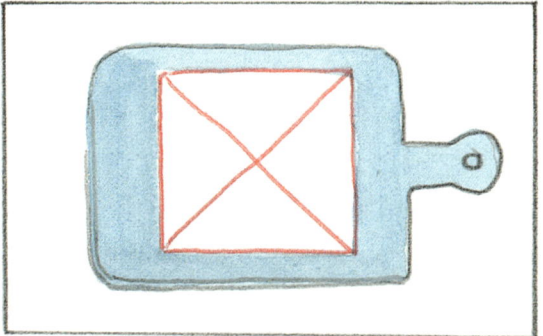
"이렇게 자르면 입이 작으신 분들이 드시기에 좋은 사이즈가 되죠. 음하하!"

"좋다. 자, 동그란 파이가 있다. 여기서 $\frac{1}{3}$은 뭐냐?."

"내가 좋아하는 사과파이잖아. $\frac{1}{3}$이라면 자신 있습죠."

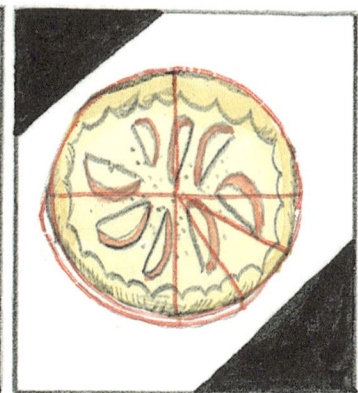
"얍, 얍, 얍얍!."

당케는 동그란 파이를 네 조각으로 나눈 뒤, 그중 한 조각을 다시 세 조각으로 나누었어요.

"큰 조각 하나와 작은 조각 하나를 합치면 $\frac{1}{3}$이 됩니다요."

셰프는 깜짝 놀라 입을 다물지 못했어요.

"어디서 그런 방법을 배웠느냐?"

"배우다니요? 제 경험에서 나온 거예요. 당케는 생활이 곧 수학 아니겠습니까? 하하."

"네가 생각해 낸 방법이란 말이냐?"

"그럼요, 제가 어릴 적에 빵 하나를 세 명이서 똑같이 나눠 먹을 때 썼던 방법이에요. 일단 네 조각으로 자른 뒤, 한 조각씩 먹고, 나머지 한 조각을 또 셋으로 나누면 똑같이 $\frac{1}{3}$씩이 틀림없죠."

'칼질이 서툴러 여러 조각을 내긴 했지만, 큰 조각과 작은 조각을 합치면 정확히 $\frac{1}{3}$이야. 당케는 공평하고 착한 마음을 가졌어. 봉팔 녀석이 당케의 반의반만이라도 닮았더라면······.'

봉팔은 상당히 재능 있는 인물이었어.
분수를 배울 때 유난히 빛났지.
모든 음식을 주어진 분수만큼 정확하게
나누어 내는 현란한 칼 솜씨.
모두들 혀를 내둘렀지.

$\frac{1}{2}$

$\frac{1}{3}$

$\frac{1}{4}$

$\frac{1}{5}$

하지만 봉팔은 좋아하는 음식 앞에서는 흔들렸어.
지나치게 욕심을 부렸지. 봉팔이 유난히 좋아했던 사과파이.
분수 수련이 다 끝나고 스승님이 파이를 $\frac{1}{3}$씩 나누어 먹으라고
했을 때, 봉팔은 제멋대로 잘라 놓고 우겼지.
"$\frac{1}{3}$씩 똑같이 나누었다."
그러고는 가운데 조각을 날름 삼켜 버렸지.

항상 똑같이 나누는 것을 강조했던 스승님은 봉팔에게 욕심을 경계하라고 일렀지. 봉팔이 욕심이 없었더라면, 공평한 마음을 가졌더라면, 어쩌면 비수레는 봉팔의 것이 되었을지도 몰라. 분수는 나에게 공평함을 가르쳐 주었어. 언제 어디에서나 공평한 마음, 그것이 분수의 정신이야.

며칠 뒤, 어느 날이었어요.

"카스텔라 사세요. 갓 구운 따끈따끈한 카스텔라. 어서 와서 맛보세요."

당케는 채소 가게에 심부름을 다녀오는 중이었어요.

"거기요, 카스텔라 좋아하죠?"

'아니, 어떻게 알았지?'

때마침 배 속에서 꼬르륵 소리가 났어요. 당케는 호주머니를 뒤적거렸어요.

"어떡하죠? 겨우 1000원밖에 없는데."

"괜찮아요. 조각으로도 파니까요."

"1000원이면, 몇 조각이에요?"

"$\frac{1}{8}$이죠. 왜 $\frac{1}{8}$인지 궁금하죠? 잘 들어요. 이 카스텔라는 8000원짜리예요. 1000원은, 8000원의 $\frac{1}{8}$이랍니다. 그러니까 카스텔라도 $\frac{1}{8}$조각."

"아하, 무척 간단하네요."

"후훗, 배고프실 텐데, 설명이 너무 길어졌네요. $\frac{1}{8}$조각을 금방 잘라 드릴게요. 잠깐이면 됩니다."

아주머니는 칼을 들고 카스텔라를 자르기 시작했어요.

쓰윽, 쓰윽, 쓰으윽!

"근데 굉장히 재밌는 방법으로 자르시네요? 보통 빵이나 케이크를 8조각으로 자를 땐 이렇게 자르잖아요?"

"다 이유가 있답니다. 요기, 종이를 떼어 내면 까맣게 탄 부분이 나오죠? 거기를 좋아하는 사람들을 위해서예요. 달콤하고 촉촉하고 쌉싸름하니 구수하다나? 그래서 특별히……."

"우아, 어쩜 제 취향을 정확히 아세요?"

당케는 깜짝 놀랐어요.

"척 보면 알죠."

아주머니는 카스텔라를 오각형의 투명한 그릇에 담아 주었어요.

"어? 그릇이 특이하네요?"

"네, 제가 오각형을 좋아하거든요."

"왜요? 어떤 점이 좋으세요?"

"엄청나게 많은 별을 담고 있거든요. 아! 여기 스티커를 한번 보실래요? 오각형 속에 별이 있고, 그 별 속에 또 별이 있는 거 보이시죠? 그런 식으로 하면 엄청나게 많은 별을 그릴 수 있답니다."

"재밌네요."

"그럼 맛있게 드시고, 힘내세요."

"네, 잘 먹을게요."

당케는 수학식당으로 향하면서 카스텔라를 한입 베어 물었어요.

'아니, 이건! 어릴 때 먹어 본 바로 그 맛!'

당케는 이상한 기분이 들었어요.

"엄마?"

당케는 방금 전 카스텔라 팔던 곳으로 달려갔어요. 하지만 자리가 텅 비어 있었어요. 아주머니는 흔적도 없이 사라졌어요.

'엄마 같았는데……. 잘못 보았나?'

당케는 왠지 무척 서운한 마음이 들었어요. 풀이 죽은 채로 남은 카스텔라를 먹었지요. 빵 아랫부분에 달라붙어 있는 종이를 떼어 내면서요. 그런데 이게 웬일이래요? 종이에 글씨가 적혀 있는 거예요.

당케는 심장이 멎는 줄 알았답니다.

"너 자신을 믿으렴. 엄마가 응원할게."

**"분수, 별거 아닙니다.
　　　　공평하게 나눌 줄 알면 끝!"**

생활 속의 분수

  분수는 생활 곳곳에 널리 쓰인답니다.

  요리 방법을 알려 주는 레시피에서 양파 $\frac{1}{2}$개, 사과 $\frac{1}{2}$개, 밀가루 $\frac{1}{3}$컵 하면서 재료의 양을 나타낼 때 자주 쓰여요. 또, '물병에 물이 $\frac{1}{2}$이 남았다.'라고 하면, 물이 반만 담겨 있다는 걸 말하지요. 무엇을 똑같이 나누려 할 때도 쓰여요. 피자를 4명이 똑같이 나누어 먹으려면, 피자 한 판을 $\frac{1}{4}$로 나누어 한 조각씩 먹으면 되지요.

  무슨 일에 대해서 몇 명 중에 몇 명이 그랬나 하고 비율을 나타낼 때도 쓰여요. '우리 반 $\frac{1}{2}$이 상을 받았다.'라고 한다면 30명 중에 15명이 상을 받았다는 뜻이죠. '우리 반 $\frac{1}{3}$이 안경을 썼다.'라고 하면 30명 중에 10명이 안경을 썼다는 비율을 나타내고요.

  이 밖에도 분수가 쓰이는 예는 무척 많아요. 우리 생활 속에서 분수가 어떻게 사용되고 있는지 찾아보세요.

셰프는 벽장에 들어가서 밤늦도록 나오지 않고, 당케만 꾸벅꾸벅 졸며 식당을 지키고 있었어요.

"드디어, 성공이다!"

갑자기 셰프가 고함을 지르며 뛰쳐나왔어요.

"아이코, 깜짝이야."

의자에서 졸던 당케는 뒤로 벌러덩 넘어갈 뻔했답니다.

"당케야, 기뻐해라. 수학식당 최초로 비상식량 레시피를 개발했다. 짠!"

셰프는 돌돌 말린 무언가를 내밀었어요.

"비상식량이라고요? 에이, 이건 테이프잖아요? 셰프는 농담도 참 잘하셔."

그러자 셰프가 갑자기 도리도리를 하면서 외쳤어요.

"이건 도리도리돌돌~젤리! 테이프가 아니라는 사실."

셰프는 돌돌 말린 젤리를 쫙 폈다가 다시 말았어요.

"배고플 때, 어지러울 때, 머리가 잘 안 돌아갈 때, 도리도리를 하면서 한 조각만 떼어 먹어 봐. 정신이 번쩍 들고 기운이 불끈불끈 솟을 거야."

"와, 요 돌돌 말린 것이 테이프가 아니라 먹는 젤리란 말이에요? 배고프고, 기운 없고, 자꾸자꾸 졸리기만 했는데, 마침 잘됐네요. 한번 먹어 볼까?"

당케는 젤리를 손톱만큼 떼어 입안에 넣었어요. 오물오물 씹자 어쩐지 힘이 마구 솟는 것 같아요. 당케는 젤리를 먹고 또 먹었답니다.

"여기엔 또 하나의 깜찍한 비밀이 있지. 도리도리돌돌젤리는 주머니 속에 쏙 넣고 다니면서 필요할 때 쫙 풀어서 줄자처럼 사용할 수 있다! 쫙 풀면 무려 5m(미터)나 된다는 거."

"와, 대단합니다!"

"다만, 주의할 게 있다. 아직은 시험 단계라, 많이 먹었을 때 어떤 부작용이 있는지 밝혀지지 않았어."

"네? 아이고, 퉤퉤! 이걸 어째요. 벌써 이만큼이나 먹었단 말이에요. 진작 말씀하시지."

그새 배가 불렀는지 당케는 꺼억 트림을 하며, 도리도리돌돌젤리를 앞치마 허리춤에 쏙 집어넣었답니다.

바로 그때, 누군가 수학식당 문을 두드렸어요.

'똑똑!'

"이 밤중에 누구지?"

"편지 왔습니다. 셰프 피라고 계십니까?"

"그렇습니다만, 이렇게 늦은 밤에도 편지 배달을 하시나 봐요?"

"네, 이건 슈퍼 울트라 퀵퀵 특급 우편이거든요. 아주아주 급하고 중요한 편지라는 뜻이죠. 그럼, 전 바빠서 이만."

우편집배원은 편지를 전달하고 휙 사라졌어요.

셰프는 편지 겉봉을 쓱 훑어보았어요.

"고들빼기 회장님이?"

셰프는 편지 봉투를 얼른 뜯어보았어요.

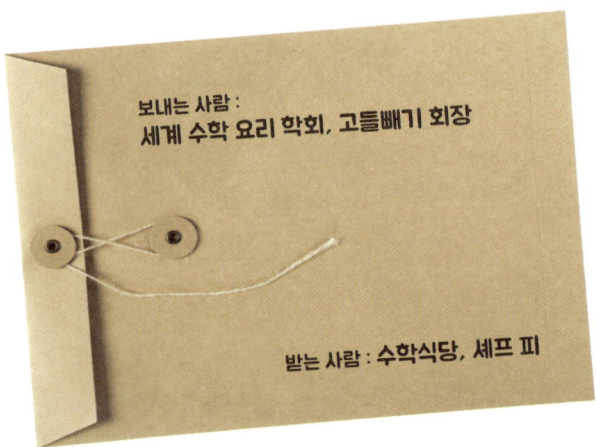

"아니, 어떻게 이런 말도 안 되는 일이!"

셰프는 화가 부글부글 끓어올랐어요.

"셰프, 왜 그러세요?"

당케는 편지를 힐끔힐끔 들여다보았어요.

'학회? 공원, 분수대, 3m 50cm?'

"봉팔이 음모를 꾸민 게 틀림없어. 비수레를 훔쳐 간 것도 모자라, 이젠 나를 가짜로 몰다니! 뻔뻔하고 비겁한 녀석!"

셰프는 어금니를 꽉 깨물었어요.

다음 날 아침, 셰프는 학회에 갈 채비를 서둘렀어요.

"오늘 학회는 보통 때와 다르다. 수학의 미래가 달린 중요한 학회라고 할 수 있지."

"엇, 그러면 제가 안 가 볼 수 없죠. 얼른 세수하고 올게요."

"당케, 가긴 어딜 가? 잠깐 이리 와 보렴. 떠나기 전에 너에게 줄 것이 있다."

셰프는 요리사 모자를 벗더니, 그 속에서 꼬깃꼬깃한 무언가를 꺼냈어요.

"아니, 그건! 비수레 뒷장? 그게 거기 있었군요. 난 또 금고에 들어 있는 줄 알고 괜한 걱정을 했네요. 헤헤헤."

"그래, 비수레 뒷장을 여기에 꼭꼭 숨겨 두었지. 이걸 너한테 주고 갈 테니, 반드시 몸에 지니고 있도록 해."

"알겠습니다, 셰프. 이번엔 꼭 믿어 주세요."

"학수식당 녀석들이 호시탐탐 노리고 있다는 걸 명심하여라."

"네, 알겠습니다. 식 가문의 명예를 걸고 지키겠습니다. 충성!"

당케는 비수레 뒷장을 몸에 꽁꽁 숨겼어요.

"만에 하나……."

셰프는 긴 한숨을 내쉬며 말을 이었어요.

"나에게 무슨 일이 생기거든, 그때 비수레 뒷장을 사용하여라. 사용법은 네 스스로 알아내야 해."

"그런 일은 절대 없을 겁니다. 걱정 마시고, 어서 다녀오세요."

"당케, 너만 믿는다."

셰프가 떠나자 당케는 식당 문 앞에 '오늘은 쉽니다!'라고 쓴 쪽지를 붙였어요. 그러고는 두 팔을 걷어 부치고 청소를 시작했지요. 구석구석, 쓱싹쓱싹. 그런데 어디선가 퀴퀴하고 고약한 냄새가 스멀스멀 올라오는 거예요.

"이게 무슨 냄새야?"

그럼 그렇지, 신발장 근처에 셰프의 구두 한 짝이 뒤집어져 있지 않겠어요? 운동화 한 짝도 아무렇게나 뒹굴고 있었고요.

"에그그, 셰프가 신발을 짝짝이로 신고 가셨군. 한쪽은 구두, 한쪽은 운동화. 아무리 급하셔도 그렇지……."

당케는 혀를 쯧쯧거렸어요.

"그나저나 셰프가 망신을 당하게 생겼으니, 이를 어쩐담? 내 이럴 때가 아니지. 학회 열리는 곳이 공원 분수대 근처라고 했지?"

당케는 구두 한 짝을 들고 눈썹이 휘날리게 달려 나갔어요.

"셰~~~~~프!"

한참을 달려온 당케가 헐떡거리며 공원에 도착했어요. 안내 지도를 보니, 분수대로 가는 길은 두 갈래의 갈림길이에요.

"구불구불한 왼쪽 길, 약간 굽은 오른쪽 길, 어느 쪽이 더 빠를까?"

당케는 고개를 갸우뚱거렸어요.

"안내 지도의 길을 비교해 보면 되겠구나. 아잉, 그런데 난 자가 없잖아. 길이 구불구불해서 뼘으로 잴 수도 없고, 어떡하지?"

그때 문득 셰프의 가르침이 떠올랐어요.

'거꾸로 보면, 뭔가 다른 게 보일 수도 있다.'

"그래! 모를 땐 이렇게라도 해 봐야지. 물구나무서기!"

하지만 당케는 꽈당 넘어져 그만 이마를 찧고 말았어요.

"아이고, 아야! 보이긴 뭐가 보여. 별만 보이네."

그때 앞치마 허리춤에서 뭔가가 떼구루루 굴러 나왔어요.

"아니, 이것은 도리도리돌돌젤리? 반갑구나, 반가워. 네가 여기 있는 걸 깜빡했네."

당케는 지도의 양쪽 길에 젤리를 대보았어요.

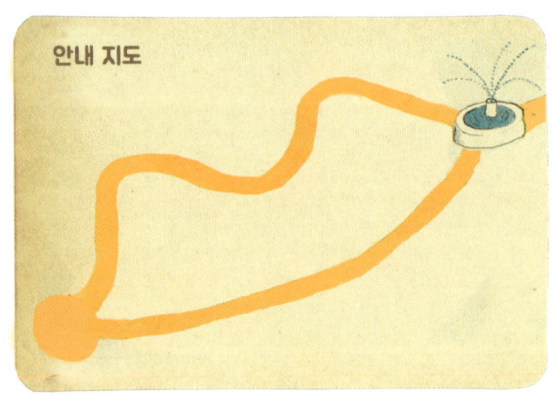

왼쪽 길은 이만큼,

오른쪽 길은 이만큼이에요.

"야호, 알았다! 오른쪽 길이 훨씬 짧구나. 오른쪽으로 출발!"

그 시각, 셰프는 벌써 학회가 열리는 곳에 도착했답니다.
그런데 학회장 앞에서 학수식당의 봉팔 셰프와 봉쑤아가 환영 인사를 하는 게 아니겠어요?
"어서 오십시오. 환영합니다."

셰프 피는 화가 치밀었어요.

"너희들이 무슨 자격으로 여기에 왔지?"

"오, 이게 누구신가. 그 유명한 수학식당 셰프 피님 아니신가? 신발은 또 뭔가? 요즘 유행하는 스타일인가 보지?"

봉팔이 셰프의 짝짝이 신발을 보고 키득키득 웃었어요.

"뻔뻔하군! 여긴 네가 올 자리가 아니야. 신성한 수학 요리 학회를 더럽히지 말고, 썩 꺼져!"

"저런, 저런. 성격도 급하시지. 잠시 후 중대 발표가 있을 예정이니, 셰프 피께서 조금만 더 참아 주시면 어찌 좋지 아니하지 아니하겠는가."

그때 사회자의 마이크 테스트 소리가 들려왔어요.

"아, 아, 마이크 시험 중, 마이크 시험 중."

곧 학회가 시작되려나 봐요. 셰프와 봉팔은 각자 자리를 찾아 앉았어요.

"아아, 이상 없군요. 그럼, 지금부터 출석을 부르겠습니다. 우리 수학 요리 학회 회장님이신 고들빼기 셰프?"

"네!"

"다음은 회장님의 둘도 없는 동생이시죠. 고들더하기 셰프, 오셨나요?"

"네!"

"다음은 곱하기를 워낙 좋아하셔서 산에 가서도 '야, 곱!' '야, 곱!' 외치신다는 야곱 셰프!"

"네!"

학회에 참석한 셰프들은 깔깔 웃어 댔어요. 붉으락푸르락 화가 잔뜩 나 있는 셰프의 표정에는 아무도 관심이 없었어요. 봉팔과 봉쑤아만 빼고요!

"셰프 피 얼굴 좀 보세요. 분하고 억울해서 어쩔 줄을 몰라 합니다요."

"그러게 순순히 비수레 뒷장을 내놓았으면, 내가 이런 일을 안 꾸몄지."

"오늘로 셰프 피는 수학 요리계에서 영원히 추방당하는 거죠?"

"그럼, 당연하지. 넌 잠자코 앉아서 지켜보기나 해."

사회자는 계속 회원들의 이름을 부르며 출석을 확인했어요.

"모두 참석하셨군요. 그럼 이제부터 세계 수학 요리 학회를 시작하겠습니다. 먼저 회장님을 모시고 말씀을 듣겠습니다."

세계 수학 요리 학회 회장 고들빼기 셰프가 앞으로 나왔어요.

"오늘 급하게 학회를 연 이유는, 수학식당의 셰프 피가 가짜 후계자라는 주장이 있어서입니다."

"가짜라니요? 갑자기 그게 무슨 소리예요?"

"그럼 셰프 피의 요리들이 모두 엉터리 수학이란 말입니까?"

"오늘, 수학식당의 진짜 후계자라고 주장하는 분이 이 자리에 와 있습니다. 봉팔 셰프, 일어나 주시겠어요?"

셰프 피는 봉팔의 뻔뻔함에 화가 부글부글 끓었어요.

"안녕하십니까. 수학 요리계의 신사, 봉팔 셰프라고 합니다. 수학식당의 진짜 후계자가 바로 저 봉팔이라는 거 모르셨죠? 증거를 갖고 왔습니다. 증거는 바로……."

봉팔은 가슴팍에 감추어 둔 비수레를 번쩍 꺼내 들었어요.

"수학식당의 후계자가 물려받는다는, 2500년 전통의 비밀 수학 레시피, 비수레입니다."

"헉!"

모두들 비수레를 보고 깜짝 놀라 눈이 휘둥그레졌어요.

"그러니까 비수레는 쟤 거가 아니고, 제 거예요. 아시겠어요?"

봉팔의 주장에 학회장 전체가 술렁거렸어요. 고들빼기 셰프가 나서서 분위기를 가라앉혔어요.

"자, 자, 조용조용. 증거를 갖고 오셨다지만, 섣불리 판단하기엔 이릅니다."

"누가 진짜 후계자인지 어떻게 판단합니까?"

"그래서 오늘 긴급히 봉팔 셰프와 셰프 피를 한자리에 모신 겁니다. 수학식당의 진짜 후계자와 가짜 후계자를 어떻게 가리면 좋을까요?"

누군가 손을 번쩍 들고 말했어요.

"모두가 보는 앞에서 대결을 하면 어떨까요?"

"음, 경합을 벌여서 이긴 사람의 손을 들어 주자는 건가요?"

"그렇습니다. 수학식당의 진짜 후계자라면 모든 회원들이 보는 앞에서 그 실력을 당당하게 보여 줄 수 있을 겁니다."

"좋은 생각입니다. 또 다른 의견 있으세요?"

"경합을 하는 게 좋겠습니다."

봉팔은 '경합'이라는 소리에 철렁했어요. 전혀 예상하지 못했던 일이었거든요.

'내 수학 실력이 탄로 나면 어떡하지?'

봉쑤아도 당황하긴 마찬가지예요.

"경합이라뇨? 지금 셰프 피랑 실력을 겨루라는 거예요? 이건 우리 계획에 없던 건데 큰일이네."

"봉쑤아, 그만, 그만! 가만히 좀 있어!"

봉팔은 속으로는 잔뜩 떨고 있었지만, 겉으로는 기세등등하게 목소리를 높였어요.

"비수레를 가진 사람이 진짜 후계자지, 경합은 해서 뭐합니까? 어이, 수학식당 가짜 셰프, 물러나. 지금 당장! 아예 지구를 떠나라."

셰프 피는 어찌나 기가 막히던지, 피가 거꾸로 솟는 것 같았어요. 셰프 피는 더 이상 못 참고 자리에서 벌떡 일어났어요.

"새빨간 거짓말이에요! 저자가 몰래 비수레를 훔쳐……."

셰프 피는 소리를 지르다 너무 흥분해 그만 휘청 쓰러지고 말았어요.

한편, 분수대에 도착한 당케는 안내 지도부터 찾았어요.

"분수대에서 3m 50cm 가면 된다고 쓰여 있었는데, 이 지도엔 1m 30cm를 간 다음에 세 갈래로 또 나뉘잖아. 도대체 어느 건물이지?"

당케는 지도를 뚫어져라 살펴보았어요.

"1m 30cm에서 얼마를 더 가야 3m 50cm가 되는 거야?"

당케는 나뭇가지를 들어 땅바닥에 쓱쓱 식을 써 보았어요.

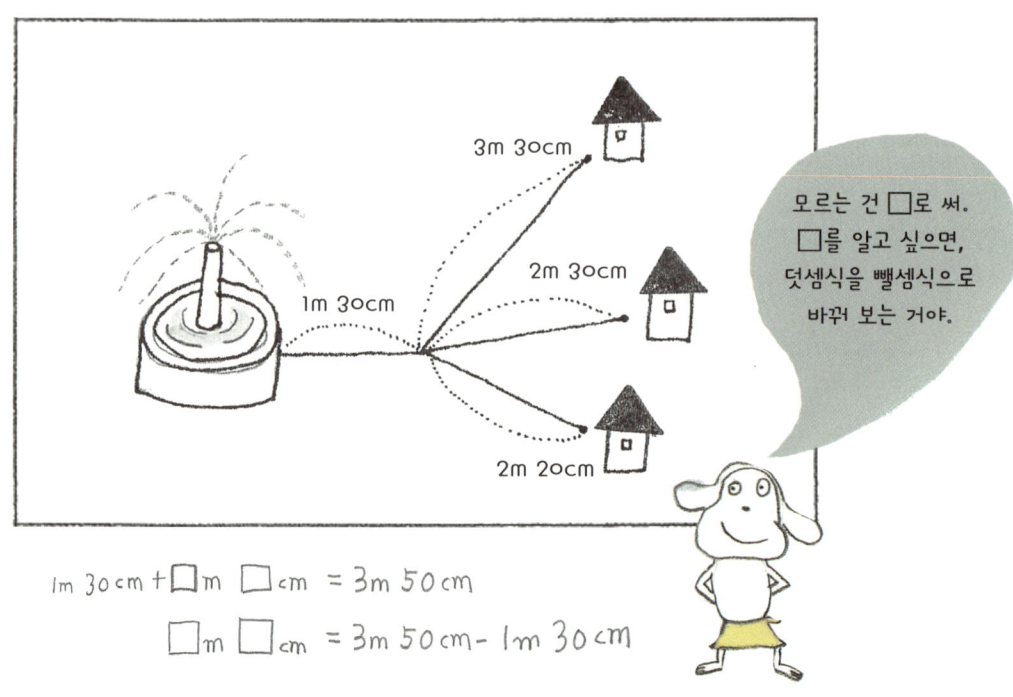

1m 30cm + ☐m ☐cm = 3m 50cm

☐m ☐cm = 3m 50cm - 1m 30cm

식 세우기는 정말이지 식은 죽 먹기였어요.

"근데 미터도 있고, 센티미터도 있는데, 어떻게 빼지? 아, 그래. 이번에도 도리도리돌돌젤리 나가신다!"

당케는 헤헤거리며 도리도리돌돌젤리를 쭉쭉 잡아당겼어요.

"3m 50cm까지 쭉 빼 놓고, 거기서 1m 30cm를 먹어 버리는 거야. 그럼 뺄셈 끝! 으흐흐, 대단한 발견인걸. 셰프, 조금만 더 참으세요. 당케가 곧 구두 들고 갑니다. 룰루."

당케는 맨 아래 건물로 허겁지겁 뛰어 들어갔답니다.

"셰프, 셰프! 어디 계세요?"

당케가 숨 고를 새도 없이 헉헉거리며 셰프를 불렀어요.

"에이, 신발 짝짝이로 신었다고 부끄러워서 숨으셨구나! 괜찮아요, 헉헉. 제가 구두 갖고 왔다니까요. 헉헉. 어서 나오세요."

그런데 아무리 둘러봐도 셰프는 보이지 않고, 봉팔과 봉쑤아가 당케를 째려보고 있지 않겠어요? 꼭 벌레 씹은 표정을 하고 말이에요.

"당신들이 여기 왜 있지?"

"너야말로 여기 웬일? 별꼴이군."

"어머, 여기는 당케 씨가 올 곳이 아닌데요."

잠시 뒤, 당케는 힘없이 쓰러져 있는 셰프를 발견했어요.

"셰프, 셰프. 이게 웬일이래요. 일어나세요. 셰프!"

셰프는 겨우 정신을 차리며 말을 했어요.

"당케, 네가 어떻게 여길······."

당케는 셰프가 쓰러진 이유를 듣고 기가 막혔어요.

"셰프가 가짜라니요. 말도 안 돼요."

당케는 고들빼기 회장에게 다가가 외쳤어요.

"회장님! 셰프 피는 수학식당 진짜 후계자예요. 우리 셰프가 물려받은 비수레를 저들이 훔쳐 간 거라고요. 어떻게 해야 믿으시겠어요?"

고들빼기 셰프는 곰곰 생각에 잠겼어요.

"경합밖에 없습니다. 진짜 셰프를 가리려면 그 방법밖엔······."

셰프는 힘없는 목소리로 말했어요.

"회장님, 저 대신에 제자가 경합을 하여도 괜찮겠습니까?"

"좋습니다. 그것도 인정하겠습니다. 제자를 보면 그 스승을 안다고 하지 않습니까?"

"당케야, 네가 나 대신 경합에 나서 주겠니?"

"네? 제, 제, 제가요? 사, 사실은 제가 좀 바쁘거든요. 청소를 하다 말고 와서, 이만."

당케는 두려웠답니다. 봉팔을 이길 자신이 없었거든요.

'내가 할 수 있을까?'

당케는 갑자기 지난 일들이 다 떠올랐어요. 몰라몰라주스, 별루별루초콜릿은 말할 것도 없고, 봉팔과 봉쑤아가 벌인 일들이 하나하나 머릿속을 스쳤어요. 이대로 있다가는 셰프가 억울한 누명을 쓰고 쫓겨날 게 틀림없어요. 당케는 주먹을 불끈 쥐었어요.

"경합에 도전하겠습니다!"

봉팔은 흥, 콧방귀를 뀌었어요.

"하룻강아지 범 무서운지 모르고 덤빈다더니, 딱 그 꼴이군."

한편 셰프는 당케가 대견했어요. 당케가 오늘처럼 믿음직스러운 때가 또 있었을까요?

"당케야, 네가 자랑스럽구나. 네 안에 무한한 가능성이 있다는 거 꼭 기억하렴."

"그럼요! 저의 가능성은 '무' 한 개가 아니라, 무한 개예요. 그쵸?"

셰프는 당케를 흐뭇하게 바라보며 웃었답니다.

당케가 과연 경합에 이길 수 있을까요?

잠시 뒤를 기대하세요.

**"당케는 하룻강아지가 아닙니다.
세 살 강아지입니다."**

단위가 있는 수의 덧셈, 뺄셈 방법

숫자만 있을 땐 괜찮지만, 미터나 센티미터 같은 단위가 붙은 수를 계산하는 건 왠지 어려워 보인다고요?

그럴 땐 단위가 없다고 생각하고 풀면 돼요. 단 끼리끼리 계산법에 조심하면 아무 문제가 없답니다.

십의 자리끼리, 일의 자리끼리 끼리끼리 모아 계산했던 것처럼, 미터는 미터끼리, 센티미터는 센티미터끼리 자리를 잘 맞춰서 끼리끼리 계산해 보세요. 여러 가지 끼리끼리 계산법, 한번 도전해 볼까요?

```
  2kg 300g              4시간 30분
+ 3kg 200g            - 3시간 20분
──────────            ──────────
  □kg □g                □시간 □분
```

```
  7km 500m
+ 2km 400m
──────────
  □km □m
```

"지잉~!"

경합이 시작되었어요.

첫 번째 경합 주제는 고들더하기 셰프가 발표했어요.

"우달달생크림케이크라고 들어 보셨나요? 지난 세기, 수학식당의 제143대 셰프가 연구해 발표한 케이크로, 우유와 달걀을 듬뿍 넣어 만든 기가 막힌 케이크랍니다. 설탕과 버터를 안 넣었는데도, 얼마나 달콤하고 부드러운지, 감동 그 자체이죠!"

당케와 봉팔은 침을 꼴딱 삼켰어요.

"자, 이 케이크를 만들려면 달걀 1000g이 들어가는데요. 달걀 1000g이면, 달걀이 몇 개일까요? 안타깝게도 지금은 요렇게 찌그러진 저울밖에 없군요. 참! 달걀은 무게가 똑같은 것들만 준비했답니다. 5분 뒤에 정답을 발표해 주세요."

당케는 저울에 달걀을 올려 보려고 애를 썼답니다. 그런데 저울판이 볼록하게 찌그러져 있어 달걀이 자꾸만 굴러떨어져요.

"안 되겠어. 직접 올라가는 수밖에."

사회자가 당케의 모습을 보고 중계를 했어요.

"아니, 이게 웬일입니까? 수학식당 당케, 달걀 무게를 재라고 했더니, 자기 몸무게를 재려나 봅니다."

당케는 저울의 눈금을 살펴보았어요.

"내 몸무게는 5kg이네. 내 무게에 달걀 무게를 더하면?"

당케는 달걀 1개를 들고 다시 저울로 올라갔어요.

그런데 저울 바늘이 얼마를 가리키는지 도통 알 수가 없어요.

"이 저울로 달걀 1개의 무게를 재긴 어려워. 너무 가벼워서 바늘이 거의 안 움직여. 그렇다면?"

당케는 달걀 10개의 무게를 재어 보기로 했어요. 달걀을 앞치마로 싸고, 턱 밑이랑 겨드랑이에도 꼈어요. 왼손과 오른손도 몇 개씩 들고 다시 저울 위로 올라갔답니다.

저울은 5kg 500g을 가리켰어요.

달걀 1개 무게는 재기 힘들어.

당케는 저울에서 내려와 재빨리 뺄셈식을 세웠어요.

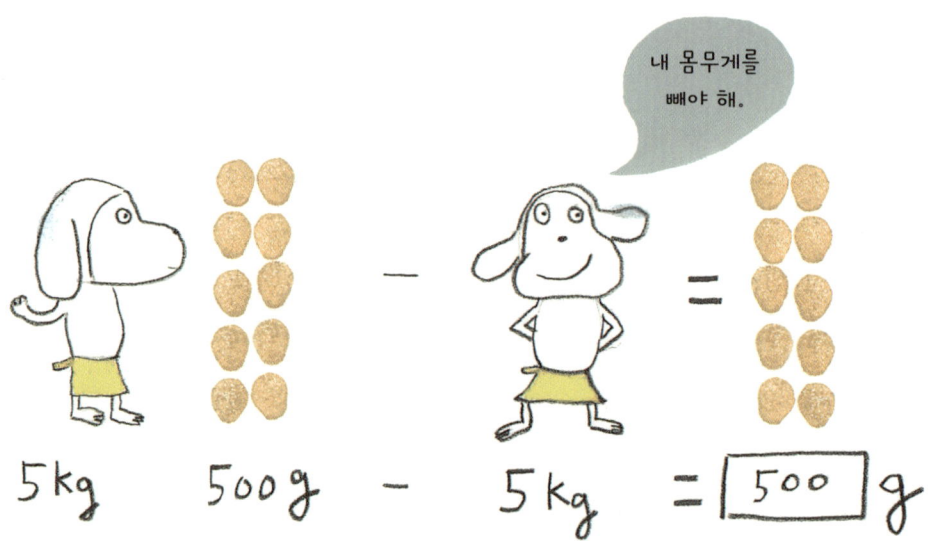

"달걀 10개의 무게는 500g이군. 그럼, 1000g이면 500g의 2배니까, 달걀도 10개의 2배. 답은……."

당케가 손을 들고 답을 크게 외쳤어요.

"답은 달걀 20개입니다!"

"오, 수학식당 당케, 대단한 실력입니다. 정답을 맞혔습니다! 달걀과 몸무게를 더한 무게에서 자신의 몸무게를 뺐군요. 정말 기발하네요! 자, 그럼 봉팔 셰프는 어떻게 하고 있는지 볼까요?"

봉팔은 저울 앞에서 한참 동안 머뭇거리고 있었어요. 당케 쪽을 흘끔거리던 봉쑤아가 봉팔에게 귓속말을 했어요.

"셰프, 당케가 자꾸 저울에 올라갔다 내려갔다 합니다요."

"뭐? 그럼 몸무게를 이용했다는 말인데. 정말 그 방법밖엔 없는 거야? 내 몸무게, 밝히기 싫은데……."

봉팔은 한참을 망설이다 저울 위로 올라갔어요.

"봉쑤아, 저울 눈금판을 가려라!"

봉쑤아는 저울을 보고 깜짝 놀랐어요.

"세상에, 85kg이라니! 보기보다 너무 많이 나가네요!"

"오늘 아침밥을 유난히 많이 먹어서 그래. 내가 원래 얼마나 호리호리하다고! 흥! 잔말 말고 너는 어서 달걀이나 갖고 와."

사회자가 봉팔의 모습을 중계하기 시작했어요.

"봉팔 셰프, 역시 몸무게를 재려나 봅니다. 앗, 그런데 이게 웬일입니까? 봉팔 셰프가 달걀 하나를 탁 깨더니 날로 꿀떡 삼켰습니다."

저울의 바늘이 바르르 떨리며 움직였어요. 달걀을 먹은 만큼 봉팔의 몸무게가 늘어난 거예요.

"뭐, 별 변화도 없네. 어찌 된 거야? 좋아, 다시 하나 더!"

봉팔은 달걀을 또 하나 깨뜨려 입에 넣었어요.

"셰프, 지금 뭐하시는 거예요?"

"달걀 몇 개를 먹어야 1kg이 느는지, 넌 그거나 잘 살펴봐. 85kg+1kg이 얼마냐? 그러니까 그것이……, 86kg! 어우, 겨우 맞혔네. 바늘이 86kg을 가리키면 '스톱' 하고 외치라고!"

"네, 네, 알겠습니다. 스톱스톱스톱스……, 톱스톱스톱스!"

봉쑤아가 '스톱'이라는 말을 연습하는 사이, 봉팔은 날달걀을 마구 깨 먹었어요.

"아직 안 됐어?"

"멀었습니다요. 아직 안 스톱."

봉팔은 속이 울렁거렸지만 날달걀을 먹고 먹고 또 먹었어요.

"으악, 더 이상 못 먹겠다."

"셰프, 거의 다 됐어요. 하나만 더! 하나만 더!"

봉팔은 눈물을 머금고 날계란을 하나 더 삼켰어요. 그러자 바늘이 딱 86kg을 가리키지 뭐예요!

"톱스!"

"우웩, 톱스? 스톱이라니까! 어쨌거나, 내가 먹은 달걀이 모두 몇 개냐?"

"톱스나 스톱이나 그게 그거죠, 뭘. 달걀은 모두 20개입니다요."

봉팔이 입에 달라붙은 달걀 껍데기를 떼며 말했어요.

"우웩, 사회자님, 여기요! 답은 20개입니다! 우웩!"

"봉팔 셰프, 정답입니다! 85+1=86이라는 어마어마하게 어렵고 복잡한 덧셈식을 이용하여, 문제를 해결하셨군요! 역시 대단한 실력자이십니다."

두 번째 경합의 주제는 야곱 셰프가 발표했어요.

"와우, 두 사람의 실력이 만만치 않습니다. 다음 경합으로 들어가겠습니다. 이번에는 우달달생크림케이크를 맛볼 차례입니다. 다들 배고프시겠지만, 심사위원을 맡고 계신 셰프들에게 먼저 우달달생크림케이크를 나눠 드리는 게 좋겠군요. 여기서 문제 나갑니다. 이 케이크를 딱 3번만 칼질을 해서 똑같이 8조각으로 나누어 보세요. 배고프니까, 빨리 나눠 주셔야 해요!"

봉팔 셰프는 경합 문제가 마음에 들지 않았어요. 혼자 다 먹거나, 내 것만 크게 해서 나누는 것을 좋아하거든요.

봉팔은 예전부터 똑같이 여러 개로 나누는 건 딱 질색이었어요. 봉팔은 좋은 방법이 떠오르지 않았어요. 그러다 혼자서 피자를 먹던 생각이 퍼뜩 떠올랐어요.

"아무도 안 주고 혼자 다 먹으려고 피자를 접어 먹은 적이 있었어. 피자를 반으로 접고, 그걸 또 반으로 접고, 또 반으로 접으면 3번만에 8겹이 되지."

"그렇게 빵빵한 걸 내 입에 쏙 넣으면 얼마나 맛있다고. 그럼 칼질도 같은 방법으로?"

봉팔은 칼을 들고 조각을 나누기 시작했어요.

반면, 당케는 아무리 생각해도, 뾰족한 수가 떠오르지 않았어요.

당케는 머릿속으로 케이크를 수없이 잘라 보았어요.

'아, 도저히 안 되겠어. 난 못 하겠어.'

그때 케이크 아랫부분에 붙어 있는 종이가 살짝 보였어요.

당케는 문득 카스텔라 종이에 엄마가 써 준 말이 생각났어요.

"너 자신을 믿으렴."

당케는 주먹을 불끈 쥐었어요.

'그래, 나를 믿어야 해. 집중하자, 집중!'

그 순간, 엄마가 카스텔라를 자르던 모습이 떠올랐어요.

"맞아, 칼질 3번에 8조각으로 나누는 것을 봤어."

당케는 쓱, 쓱, 쓰윽 부드럽게 칼질을 했어요.

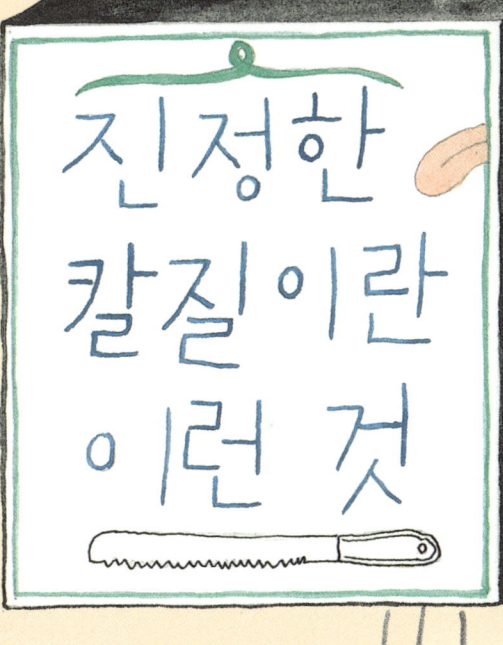

어느덧 해가 저물어, 마지막 경합 순서가 되었어요. 저녁달이 떠오르고, 별빛이 비추기 시작했어요. 학회 회장인 고들빼기 셰프가 앞으로 나왔어요.

"두 차례의 경합으로는 실력을 가리기가 쉽지 않군요. 그럼, 마지막 경합입니다. 이 문제로 승부가 판가름 나겠지요. 우달달생크림케이크 위에 초콜릿 점 5개가 있습니다. 이 점들을 이어 나타낼 수 있는 가장 큰 수는 무엇일까요? 답은 10분 뒤에 발표하세요."

당케는 어리둥절했어요. 첫 번째, 두 번째 경합 문제도 쉽지 않았지만, 그래도 해 볼 만은 했어요. 그런데 이건 영 감이 잡히지 않아요. 당케는 점을 이어 숫자를 그려 보았어요.

봉쑤아가 당케의 모습을 슬쩍 엿보고 갔어요.

"셰프, 셰프. 당케가 점을 이어 숫자를 그리고 있어요. 지금 6까지 찾은 걸 보고 왔습니다요."

봉쑤아는 소곤소곤 당케의 상황을 알려 주었어요.

"뭐라고? 점을 이어 숫자를 찾고 있다고? 오호, 제법이군. 좀 더 엿보고 와라. 몇이 가장 큰 수인지."

당케는 뭔가 다른 방법이 있을 것 같아 이마를 톡톡 치며 골똘히 생각에 잠겨 있어요. 그런데 이마에서 바스락 소리가 났어요.

"이게 무슨 소리지? 아차! 여기에 비수레 뒷장을 넣어 뒀지?"

당케는 비수레 뒷장을 조심조심 꺼내었어요.

"무슨 일이 생기면 이걸 쓰라고 하셨어. 그런데 어떻게 쓰는지 안 가르쳐 주셨단 말이야."

아무리 들여다보아도 종이는 종이일 뿐이었어요.

한참을 들여다보고 있는데, 봉쑤아가 슬그머니 다가왔어요.

"그게 뭐지?"

"아, 아, 아무것도 아니야!"

"아무것도 아닌 게 아닌데. 어디 나도 한번 보자."

봉쑤아는 당케가 들고 있던 비수레 뒷장을 휙 낚아챘어요.

"어머머, 비수레 뒷장이잖아. 셰프, 빨리요, 빨리!"

봉쑤아는 봉팔에게 비수레 뒷장을 건넸어요. 봉팔은 얼른 비수레를 꺼내어 그 위에 뒷장을 놓았어요. 그랬더니 감쪽같이 붙었어요. 마치 아무 일도 없었던 것처럼 멀쩡하게 말이에요.

"비수레야, 비수레야, 열려 다오. 제발!"

봉팔이 비수레의 표지를 넘기자, 비수레가 활짝 열렸어요.

비수레 맨 앞장에는 이런 글이 쓰여 있었어요.

비수레는 수학식당 후계자만 볼 수 있다.

후계자의 몸에는 무한의 별이 빛날 것이니……

비수레는 수학식당 후계자만 볼 수 있다. 후계자의 몸에는 무한의 별이 빛날 것이니……

"이게 무슨 개 풀 뜯어 먹는 소리야?"

"셰프, 신경 쓰지 말고 어서 답이나 찾아보세요."

"알았어. 점 5개로 나타낼 수 있는 가장 큰 수가 어디 나와 있을 텐데."

봉팔은 비수레를 뒤적거리며 찾기 시작했어요.

"여기다. 그런데 이게 뭐야? 점뿐이잖아. 답이 안 보여."

째깍째깍째깍, 시간은 흐르고, 답을 말할 시간이 얼마 남지 않았어요. 당케가 봉팔 쪽으로 달려왔을 때, 비수레는 봉팔의 발밑에 내팽개쳐져 있었어요.

"비수레! 여기 있었구나. 이제야 찾다니, 흐흐."

당케는 비수레를 조심조심 살살 집어 올렸답니다. 물론 당케에게도 답은 보이지 않았어요. 보이는 건 점 5개뿐이었지요.

"답이 뭘까? 점 5개로 어떻게 큰 수를 나타내지?"

당케는 한숨만 푹푹 쉬다가 그대로 털썩 주저앉았어요. 자신도 없고, 용기도 나지 않았어요. 이대로 다 포기하고 싶었어요.

그때 셰프의 목소리가 들려왔어요.

"당케야, 틀려도 괜찮아. 최선을 다하면 된 거야."

셰프의 목소리를 듣자 당케는 울컥했어요.

"그래, 포기하면 안 돼. 무슨 일이 있어도 셰프를 구해야 한다고."

당케는 눈을 꼭 감고, 점 5개를 다시 떠올렸어요.

'아, 엄마, 지혜를 주세요!'

그 순간, 엄마가 카스텔라를 담아 주었던 그릇이 생각났어요. 당케의 몸에서 별이 빛난다고 했던 셰프의 말도 생각났고요.

"별! 바로 이거야! 답을 찾았어!"

사회자가 남은 시간을 알렸어요.

"이제 남은 시간은 10초입니다. 10, 9, 8……."

봉팔은 에라 모르겠다 하고 아무렇게나 말해 버렸어요.

"9예요, 9. 더 큰 수 있으면 나와 보라고 그래."

이번에는 당케 차례예요.

"남은 시간은 5초입니다. 5, 4, 3, 2……."

"답은……."

학회장에 있는 모든 사람들이 숨을 죽였어요.

"무한입니다."

당케가 답을 말하자, 모두들 깜짝 놀랐어요.

"어떻게 그런 답이 나왔죠?"

"5개의 점을 이으면, 별이 됩니다. 별 속에 또 5개의 점을 이으면 별이 되고, 그렇게 하다 보면 무한히 많은 별을 그릴 수 있어요."

"오, 어떻게 그걸 알아냈는지 정말로 대단한 실력입니다."

얼굴이 발갛게 달아오른 봉팔은 어느새 꽁무니를 내뺐어요. 가짜 후계자는 셰프 피가 아니라, 봉팔이라는 게 드러났기 때문이에요.

"수학식당의 진짜 후계자는 셰프 피 바로 당신입니다. 의심해서 죄송합니다."

"괜찮습니다. 어차피 진실은 밝혀지게 되어 있는 거니까요."

셰프는 모자를 벗으며 고들빼기 회장에게 인사했어요.

"그럼 다음에 뵙지요."

고들빼기 회장은 놀란 눈이 되었답니다. 셰프의 이마에도 별 모양의 점이 나 있었거든요.

셰프 피와 당케는 무한히 쏟아지는 별빛을 받으며 수학식당으로 돌아갑니다.

"당케야, 신발 고맙다."

"뭘요. 새 구두 하나 사 신으셔야겠어요. 헤헤."

셰프를 부축하고 가는 당케의 목덜미에 무한한 별빛이 쏟아집니다. 이제 셰프 피의 뒤를 잇는 수학식당의 후계자가 누구인지 알겠지요? 아직도 알쏭달쏭하다면, 당케의 목덜미를 보세요.

에잇! 기분 나쁜데 더치사과팬케이크나 해 먹어야겠다.

재료는 언제나 요리사의 기호에 따라 조절하세요.

더치사과 팬케이크

버터 1큰술, 우유 3/4컵, 계란 3개, 밀가루 1/2컵, 소금 1/4작은술, 사과 1개, 설탕 1/4컵.

사과 대신 바나나도 좋아요.

꼭 필요한 도구

① 계란, 우유, 밀가루, 소금, 설탕을 거품이 나지 않게 섞어 젓는다.

보통 팬케이크보다 반죽을 질게 해 주세요.

② 사과는 껍질째 얇게 잘라 준비한다.

③ 납작한 팬에 버터를 두르고 반죽한 ①을 얇게 부침개처럼 편다.

④ 반죽이 익기 전에 재빨리 사과를 넣어 주고, 반대로 뒤집어 노릇하게 익힌다.

완성된 팬케이크는 꿀이나 초코스프레드를 발라 먹어요!

개인적으로 초코가 환상적임!

기쁜 소식이에요.

이제부터 당케 엄마가 수학식당의 새 식구가 되었답니다.

당케랑 헤어지지 않고 언제까지나 함께하며 수학에 배고픈 친구들을 맞이할 거래요.

봉팔은 어떻게 되었냐고요? 봉쑤아와 함께 멀리 이사를 갔어요. 경합에서 꽁무니를 빼고 달아난 뒤, 아무도 둘을 본 사람이 없대요. 어디선가 반성하면서 올바른 수학 레시피를 만들고 있다면 얼마나 좋을까요? 엉터리 레시피 말고요.

봉팔과 봉쑤아를 본 사람은 꼭 전화 주세요. 수학식당으로요!

힘들 때는 언제나 수학식당에 놀러 오세요. 하나, 둘, 셋 버벅거리며 감자를 세는 당케와 피타골 피타골 주문을 외우는 셰프, 그리고 따뜻한 음식으로 감싸 주는 당케 엄마가 여러분을 기다리고 있을 테니까요.

그럼, 안녕!

글 김희남

어렸을 때 수학을 못한다고 생각했는데, 이렇게 수학 동화를 쓰는 어른이 되었다니 말도 안 돼요.
혹시 여러분 중에서도 '난 수학을 좋아하는데, 수학이 나를 싫어해.'라고 생각하는 친구가 있나요? 기죽지 말고 용기를 가지세요. 저처럼요!
이 책을 읽고 부디 엄마가 해 주는 음식처럼 따뜻하고 감동적인 수학을 맛볼 수 있기를, 하는 바람이에요.
쓴 책으로 『할까 말까?』가 있습니다.

그림 김진화

숫자에 약한 사람입니다. 더하기 빼기도 틀리기 일쑤고, 구구단도 깜빡깜빡하는 사람이지만 당케랑 셰프를 만나 예전보다 수학을 더 사랑하게 된 것 같아 행복합니다. 이제는 수학 요리도 아주 잘한답니다.
지금은 우당탕쿵딱쿵딱 작업실에서 나팔꽃을 기다리고 있어요.
그린 책으로 『고만녜』, 『백만 년 동안 절대 말 안해』, 『친구가 필요해』, 『뻔뻔한 실수』 등이 있습니다.

글 ⓒ 김희남, 2014
그림 ⓒ 김진화, 2014

초판 1쇄 2014년 10월 15일
초판 10쇄 2023년 9월 1일

글 김희남
그림 김진화

펴낸이 황호동
편집 김동선
디자인 민트플라츠 송지연
펴낸곳 (주)생각과느낌
주소 서울시 종로구 평창 14길 22-1
전화 02-335-7345~6
팩스 02-335-7348
전자우편 tfbooks@naver.com
등록 1998.11.06 제22-1447호

ISBN 978-89-92263-28-3(74410)
ISBN 978-89-92263-18-4(세트)